现代管理创新与
企业经济发展

康 芳 马 婧 易善秋◎著

吉林出版集团股份有限公司

图书在版编目（CIP）数据

现代管理创新与企业经济发展 / 康芳，马婧，易善秋著 . 一长春 : 吉林出版集团股份有限公司 , 2020.5
ISBN 978-7-5581-8453-6

Ⅰ . ①现… Ⅱ . ①康… ②马… ③易… Ⅲ . ①企业管理—研究 Ⅳ . ① F272

中国版本图书馆 CIP 数据核字 (2020) 第 060044 号

现代管理创新与企业经济发展

著　者	康　芳　马　婧　易善秋
责任编辑	王　平　姚利福
封面设计	李宁宁
开　本	787mm×1092mm　1/16
字　数	200 千
印　张	10.75
版　次	2021 年 3 月第 1 版
印　次	2023 年 4 月第 2 次印刷

出　版	吉林出版集团股份有限公司
电　话	010-63109269
印　刷	炫彩（天津）印刷有限责任公司

ISBN 978-7-5581-8453-6　　　　　　定价：58.00 元

前　言

管理是一个企业得以生存和发展的关键，具有非常重要的作用。在经济全球化的大发展趋势下，我国各行各业的企业在管理上开展了一系列的创新改革，包括业务、人力资源、后勤、生产技术及设备等方面。企业管理者只有从管理创新做起，才能创造更多的经济效益，增加竞争力并为社会做出贡献。随着经济的进步，积极探索有中国特色、符合市场经济要求的社会主义现代化管理体系，成为企业关注的重点。

当今社会的经济发展趋势是全球经济一体化，市场经济为主导地位的经济运行模式，这就要求企业要不断地进行管理变革和创新，才能立于不败之地。创新不仅是社会进步的动力，而且是企业管理的重要职能，更是企业生存与发展的重要保障。实施企业管理创新，在理论与实践上都已经被证明是企业发展的必由之路。

管理创新、强化管理已经成为一个企业能够在激烈的竞争中立足并发展下去的根本保障。对经济管理进行创新的目的是提高企业的经济效益，提高企业自身的实力以及市场中的竞争力，为企业迎来更好的发展做准备。所以，作为一个企业来说要最大限度地发挥自身已有的资源优势，为经济管理的创新提供优越的条件以及政策上的支持，这对于一个企业来说，也是一个基本的生存之道。

企业的创新，虽然在一般的情况下是指产品和技术的创新，但实际上，尤其是在经济快速发展的今天，企业的创新涉及到了企业的各个方面。在近几年，企业管理的创新被逐步重视。一个企业是否创新决定了一个企业是引领者、模仿者还是跟随者，管理是企业的一个重要环节，所以企业的管理创新就尤其重要。

在经济全球化这样的一大背景下，复杂的经营环境和严峻的市场挑战对我国的企业来说既是一种挑战同时又是一个发展的机遇。企业要想在激烈的市场竞争中立于不败之地，就需要加快企业的改革，创新企业的经济管理，才能使企业能够更好地适应新型的经济市场变革。

企业经济管理可以说是企业发展的重要基础，在市场化、全球化以及信息化持续深化的大背景下，企业要想得到持续性的发展，就一定要应用全新的管理理论以指导企业的管理，通过持续实施管理创新，积极探索更好的管理方法，实现企业经济的稳定与协调发展。

目　录

第一章 现代管理创新概述

第一节 管理创新的基本内涵

一、创新与管理创新的概念

创新与管理创新又称革新或改革，是指把一种发明引入经济，从而给经济带来较大的影响或发生较大的变革。这一概念是由美籍奥地利经济学家约瑟夫·熊彼特在1912年出版的《经济发展理论》一书中首次提出。他认为，经济增长最重要的动力和最根本的源泉在于企业的创新活动。

创新概念包括以下五种情况：一是采用一种新的产品，也就是消费者还不熟悉的产品，或一种产品的一种新的特性。二是采用一种新的生产方法，这种新的方法不需要建立在科学的新的发现基础上；并且，也可以存在于商业上处理一种产品的新的方式之中。三是开辟一个新的市场，也就是有关国家的某一制造部门以前不曾进入的市场，不管这个市场以前是否存在过。四是掠取或控制原材料或半制品的一种新的供应来源，也不问这种来源是已经存在的，还是第一次创造出来的。五是实现任何一种工业的新组织，比如造成一种垄断地位（例如"托拉斯化"），或打破一种垄断地位。熊彼特认为，创新就是生产手段的新组合。在他所述的创新活动的五个方面中，第一、二可以视为技术创新，第三、四可视为市场创新，第五可视为管理创新。创新是创新主体为了某种目的所进行的创造性活动。自从熊彼特提出"创新理论"以来，创新概念就开始成为经济学和管理学的一个重要概念。

管理创新就是不断根据市场和社会变化，重新整合人才、资本和科技要素，以创造和适应市场，满足市场需求，同时达到自身的效益和社会责任的目标的过程。这个过程也就是管理本身的过程，因此说，管理过程就是创新过程，管理就是创新，创新是管理的基本职能。管理创新不是否定，而是加入。企业管理创新的发展是螺旋台阶式的，每一个创新周期都是以上一个周期为基础，每一个周期又都是为下一个周期的发展做了铺垫和准备。

创造市场和适应市场是企业管理创新的两个主要方向，有的企业以善于开发发明型创新产品，善于创造市场著称，有的企业则以善于开发改进型产品，善于适应市场著称。但无论是创造市场还是适应市场，有一点是共同的，这就是要观念先引。创新观念是管理创新的先导。观念创新实际上是一场观念革命，是一个否定自我、超越自我的过程，是一个改变现有利益格局、重构新的利益关系的过程，是一个不断学习、积累和提高的过程。

二、推动管理创新的主要因素

（一）推动企业管理创新的外部要素

市场变化是推动企业管理创新首要的外部要素。市场变化主要包括需求的变化、竞争的变化、资本和劳务市场的变化。最重要的市场变化是需求的变化。企业作为市场中的供给方是为满足需求而存在的，企业通过创新一方面创造需求，也就是满足潜在需求，另一方面满足现实需求。另一个重要的市场变化是竞争的变化。激烈的竞争往往使企业更倾向于适应市场的创新类型，因为创造市场的创新类型风险会更大。资本和劳务市场的变化也能诱发管理创新。美国的资本市场结构最适于诱发创新，它有一种风险资本，专门寻找有发展前途的创新型小公司，实行高风险，高回报率的投资策略，加州硅谷的高技术公司大多有这种风险资本的支持。

社会政治文化背景是推动管理创新的另一个外部要素。日本企业的终身制，年工序列制和企业内工会这"三大神器"是由日本的社会文化特点决定的，是创造日本式管理的根基；德国的"职工参与决策"制度是由德国社会文化特点决定的，是创造德国式管理的根基；美国的自由雇佣和行业工会制是由美国社会文化特点决定的，是创造美国式管理的根基。社会的文化和价值观是不断发展的，企业管理创新会跟着社会文化的发展而发展。现在，美国企业开始提倡团队文化，而日本企业开始解雇职工，德国企业与职工建立新的社会契约，让职工干得更好一些而拿的更少一些。各种环境保护和动物保护都在影响企业的决策和创新。一般来说，社会、政治、文化的变化对企业的影响，有的是通过市场变化来完成的，有的是直接对企业行为有约束力，如政府的政策、法令、法律等。因此，推动企业管理创新的外部因素，主要的最强有力的因素是市场变化。

（二）推动企业管理创新的内部要素

在企业内部，推动企业管理创新的主要力量，是资本、人才和科技。资本问题，在企业外部是筹资和投资问题，体现了经营技巧。企业内部的资本问题主要是成本问题，即资本的投入量。在相同条件下，资本投入量越少，成本越低，效益越高。在企业内部，管理创新的主要压力，或者说主要驱动力是成本，不断降低成本是企业管理创新永恒的主题。劳动的实质是劳动者问题，是人的问题。在相同条件下，劳动者投入的劳动量越多，质量越高，效益越高。劳动投入的增加可以是劳动时间和劳动强度绝对值的增加，也可以是有效劳动量的增加，也可以是有机劳动量，即创造性劳动量的增加。从"机器人"到"经济人"到"社会人"再到"文化人"，所有以人为对象的管理创新都是为了增加有效劳动和有机劳动，为了使人主动地去增加这种劳动的投入。因此，企业管理归根到底是对人的管理，成本要靠人来控制，技术要人来发展和应用，人才在企业管理创新中处于中心位置。科学技术，包括自然科学、社会科学、技术和创新观念是企业管理创新的强大推动力。管理创新依赖于科学技术的发展，如机器的使用加强了专业化趋势；数理统计技术促进了质量管理的发展；系统论和控制论催生了现代管理理论；而信息技术正在使整个管理发生根本改观。社会科学对管理创新的作用更为直接，因为管理本身就是社会科学的一个部分。在管理科学和管理实践的发展过程中，不断吸收经济学、社会学、心理学、行为科学和其他社会科学的最新进展，其中特别是经济学和行为科学，它们的每一个进展都直接影响着管理的发展与创新。

三、管理创新的基本内容

（一）目标创新

企业是在一定的社会经济环境中开展经营活动的，特定的环境要求企业按照特定的方式提供特定的产品。一旦环境发生变化，要求企业的生产方向、经营目标以及企业在生产过程中同其他社会经济组织的关系进行相应的调整。企业适时地根据市场环境和消费需求的特点及变化趋势调整经营思路和策略，整合生产经营资源要素，每一次调整都是一种创新。目标创新是企业发展中的一种根本性的、决定全局的管理创新。

（二）技术创新

技术创新是企业创新的主要内容，企业中出现的大量创新活动是关于技术方面的。技术创新是发展生产力，不断提高企业的能力和实力。一些重大的技术创新会导致生产力的超常规发展，甚至导致企业组织和经济管理体制乃至世界经济格局的重大变化。即使是一些中小型的技术创新，也会在渐进的过程中影响经济的发展趋势。技术水平是反映企业经营实力的一个重要标志，企业要在激烈的市场竞争中处于主动地位，就必须顺应甚至引导社会的技术进步，不断地进行技术创新。由于一定的技术都是通过一定的物质载体和利用这些载体的方法来体现的，因此企业的技术创新主要表现在要素创新、要素组合方法创新和产品创新。要素创新包括材料创新、设备创新和人力资源管理创新三个方面。要素组合方法创新包括生产工艺和生产过程的时间组织与空间组织两个方面。产品创新主要包括产品品种创新和产品结构的创新。

（三）制度创新

制度创新是调整生产关系，以增强企业的活力和动力。制度创新需要从社会经济角度来分析企业各成员间的正式关系的调整和变革，制度是组织运行方式的原则规定。无论是技术创新还是知识创新，如果不和制度创新相结合并协调运作，那么其结果不是有名无实就是事倍功半。如果企业的产权不明晰，权、责、利不匹配，分配制度不合理或者组织治理结构不明确，管理混乱，则一切创新的成果都将会失效。因此，在扎扎实实地搞好技术创新、知识创新的同时，必须高度重视制度创新。制度创新主要包括产权制度创新、经营制度创新和管理制度创新。组织制度的运行状态和变革、创新的程度从根本上决定了组织的未来发展状况。企业制度创新的方向是不断调整和优化企业所有者、经营者和劳动者三者之间的关系，使各个方面的权力和利益得到充分体现，使组织的各种成员的作用都得到充分的发挥。目前，我国企业制度创新主要是建立现代企业制度，它是企业产权制度、经营制度、管理制度的综合创新。

（四）组织机构和结构的创新

企业系统的正常运行，既要求具有符合企业及其环境特点的运行制度，又要求具有与之相应的运行载体，即合理的组织形式。因此，企业制度创新必然要求组织形式的变革和发展。组织机构设置和结构的形成要受到企业活动的内容、特点、规模、环境等因素的影响，不同的企业有不同的组织形式，同一企业在不同的时期，随着经营活动的变化，也要求组织的机构和结构不断调整。组织创新意味着打破原有的组织结构，并根据环境和条件的变化对组织的目标加以变革，并对组织内成员的责、权、利关系加以重新构置，形成新的结构和新的人际关系，并使组织的功能得到发展。其内涵在于组织从形式到内容，从结构到制度的全面更新。随着社会经济的发展，特别是知识经济时代的到来，传统的金字塔或等级制组织结构已经无法适应信息技术和社会环境的要求，正在走向衰退。企业的组织结构正朝着经营与支持职能（平台职能）集中化、纵向结构扁平化、横向结构综合化、管理体制分权化、业务流程标准化、运行机制市场化、外部联系网络化的趋势发展。组织机构和结构创新的目的在于更合理地组织管理人员的工作，提高管理劳动的效率。

（五）环境创新

环境创新不是指企业为适应外界变化而调整内部结构或活动，而是指通过企业积极的创新活动去改造环境，去引导环境朝着有利于企业经营的方向变化。对企业来说，环境创新的内容很多，但市场创新是最主要的。市场创新主要是指通过企业的活动去引导消费，创造需求。成功的企业经营不仅要适应消费者已经意识到的市场需求，而且要去开发和满足消费者自己可能还没有意识到的需求。

（六）管理创新

1. 强化以人为本的管理

（1）情感管理

情感管理是研究人的内心世界，探究人深层行为动因的一种科学。现代企业的管理者，必须善于运用各种鼓励手段，联络感情，满足职工的社会心理需要，以调动职工的积极性和创造性。首先，要使职工真正地感觉到自己是重要的，在人类社会中，每一个人都是重要的，在企业中也不例外。因此，企业领导不论是在制订计划还是在日常的交往中，都必须记住这一要求，处处体现在行动上。其次，要认真倾听职工的意见。理解别人是一件困难的事，作为管理干部，理解职工就更不容易，因为一般人对比自己职位高的人都有一种本能的疏远和戒备心理。所以，要理解别人就必须通过接触、交谈。这就要求管理者主动去接近职工，与他们交谈。人与人之间最可贵的是真诚，只有建立在彼此推心置腹、真诚相待、信而不疑基础上的友谊，才是经得起考验的友谊。管理者要真正尊重职工，就必须建立起这种经得起考验的友谊。

（2）民主管理

民主管理的核心是让职工参与管理，这也被称作"全员参与"。因为决策的制定让执行者参与，那么在执行过程中就会遇到较少的阻力，而决策执行者有着更可靠的一线经验，他们参与决策的制定，可以保证了决策的可行性：在现代科学管理中，管理者与被管理者之间的界限正在模糊，越来越多的被管理者参与管理，管理已不再是少数专职管理者的事，一种新型的管理模式——全员参与正在兴起。

（3）自主管理

这种管理方式主要是职工根据企业的发展战略和目标，自主制订计划、实施提纲、实现目标，即所谓"自己管理自己"。它是民主管理的进一步发展，把职工的个人意志与企业的统一意志结合起来，从而使每个职工自觉自愿地积极为企业做贡献。

2. 信息管理与知识管理的统一

知识管理不同于信息管理，它是通过知识共享，运用集体的智慧提高应变和创新能力，知识管理的实施在于建立激励员工参与知识共享的机制，设立知识总监，培养企业创新和集体创造力。企业只有管理好知识、知识资产、健全知识使用的机制，发挥与知识共存的人的作用，才能创造更高价值，提高竞争力。知识管理倡导运用集体的智慧提高组织的应变和创新能力。要想在知识经济中求得生存，就必须把信息与信息、信息与人、信息与过程联系起来，以进行大量创新。随着社会经济模式的变化，组织的形式、规模、发展战略、竞争策略、市场环境、社会思想都正在或即将发生变化，通过对以往观念思想的反思，人们有了更深刻直观的认识，承认知识是生产力。知识在最终产品和劳务的价值增值中起决定作用已成必然的社会现实。于是，在对以往经济管理中关键要素的重新定位后，知识管理被置于21世纪组织管理的重要位置。信息与知识都是企业的无形财富，只有两者的统一，才能为企业带来更大的效益。

3. 从战术管理走向战略管理

20世纪50年代末战略管理开始进入管理学领域，至60年代、70年代被美国企业在实践中进一步发展和完善。然而在80年代，美国式战略过分注重于建造精巧的阁楼，大量繁杂的量化目标使战略目标失去了灵活性与实用性。90年代，战略管理在企业中重新升温，战略规划也给众多咨询公司带来了可观的收入，战略管理已成为新世纪发展的趋势。

（1）建立企业总体战略

包括公司的宗旨、性质、企业的业务领域、企业的发展建设与规模、企业投资方向等事关企业命运的战略。

（2）战略目标管理是战略管理的核心

这是由战略的目标管理在战略管理结构中的位置决定的。战略成败于企业于环境组织能力发生变化后战略目标是否能予以协调，使三者保持动态平稳。

4. 从垂直管理走向水平管理

工业经济时代的组织结构管理采用垂直控制的金字塔方式，这种管理形式有利于规模的重复性生产，但主要的问题是企业难以交流、学习和决策，阻碍员工发挥创造性，特别是金字塔式的组织结构，容易导致部门和人员的隔膜、产生不信任的工作环境。随着知识的网络化，"等级式"的金字塔式的组织结构已不适应时代的发展，知识经济的管理更注重人的作用和人际沟通，企业经营实行网络化，组织结构更依赖小组和团队的活动。管理层次大为减少，一种新型的组织结构正在形成——学习型组织。

知识经济时代的高科技、高知识、高信息、高服务的要求与产业调整的需要，要求进行组织形式的变更。纵观时代演变，不难看出各时代组织运行依托模式的特征：农业时代组织运行属于自然的依托型；工业时代组织运行属于资本依托型；知识经济时代组织运行属于学习依托型，没有知识没有学习的组织在市场竞争中寸步难行。从结构上看组织模式将由等级式向网络式转化，将由垂直管理向水平管理转化。人们希望有一个经济上有效益、职工们情绪又满意，在亲密无间和客观明确之间保持着微妙平衡的组织，这就必然要求组织进行变革，走向水平管理。

（七）文化创新

创新企业文化是新经济发展的产物，是企业在市场竞争中的成功之魂。中外企业的发展史表明，凡是失败的企业都以守旧落后的文化背景为特征，而成功的企业则各有其创造辉煌业绩的活力源泉，那就是不断创新的企业文化。

随着我国市场经济体制的确立和现代企业制度的推行，企业作为市场的主体，如何构建追求卓越的文化氛围，已经成为每个企业应对市场竞争的内在要求。特别是在具有知识经济时代特征的21世纪，感悟现代企业文化，对于实现中国企业改革与发展目标，具有重要的理论价值和现实指导意义。

因此，加强企业体制转变的文化内涵研究，在企业文化建设理论和实践的结合上，要正确理解和把握企业文化与企业政治思想工作、精神文明建设的关系。这是企业文化建设中不可回避的问题。就社会意义而言，三者具有一定的同质性，都是以培养"四有"新人为目标。但就其文化范畴和主体目标而言，又具有明显的异构性。其一，企业文化是市场经济的产物，主要服务于企业的战略目标，既重视物质层的建设，又重视制度层和精神层的建设。既是企业文化精神层面的核心——企业理念、行为方式和道德规范，也属于哲理化的商业意识、人文化的经营理念。其二，企业文化强调凝聚全体员工的群体意识和培育团队精神，注重调动和激发每个成员的积极性和创造力；呈现出企业的个性和特色。

一个品格高尚的企业家，其人格力量就是这个企业的信誉、形象和文化资产；一个富有创新精神的企业家，本身就是这个企业充满活力的源泉。企业家素质代表企业素质，企业文化是优秀企业家品质、才华、慧眼、胆识等综合素质的扩展和放大；优秀的企业文化又以其成功后的自信，激励和鞭策企业家组织和带领全体员工在"追求完美、追求卓越"的道路上，积极进取，开拓创新，形成一种以人文精神为动力的激励机制，使这个企业生机盎然，充满活力。这也是建立和推进现代企业制度的文化内涵和保证条件。

随着以数码知识、网络技术为基础，以创新为核心，由新科技所驱动，可持续发展的新经济的到来，现代企业的发展要想取得新突破，就必须高度重视和切实加强企业管理，而创新则是加强企业管理每一环节都必须重视的问题。管理创新是为实现企业的长远目标而创造的一种更有效进行资源配置的管理方式。管理创新依赖于科学技术的发展，创新的关键因素是要建设具有浓厚管理创新意识的国家意志和国家环境，并拥有一大批具有创新观念和创新能力的现代企业管理者。因此，要强化企业管理创新，就必须坚持以人为本的管理理念，积极推动企业经营思路、组织结构、管理方式、管理模式、管理制度的创新，不断改善企业管理创新的内外部环境，在企业中真正建立起浓厚的管理创新意识、创新氛围，同时，培养和造就一大批具有创新观念和创新能力的现代企业家阶层。

第二节 现代管理创新基本概述

创新是社会发展与进步的主旋律，管理创新是现代企业生存和发展的持久动力源泉，政府职能的重塑、高素质的企业家队伍的建设、良好的企业文化氛围等方面都是现代企业进行管理创新所必不可少的。

一、现代企业创新的主要内容

（一）制度创新

制度创新是调整生产关系，以增强企业的活力和动力、制度创新需要从社会经济角度来分析企业各成员间的正式关系的调整和变革，制度是组织运行方式的原则规定，无论是技术创新还是知识创新，如果不和制度创新相结合或协调运作，那么其结果不是有名无实就是事倍功半。

（二）技术创新

技术创新是企业创新的主要内容。技术创新是发展生产力，不断提高企业的能力和实力。技术水平是反映企业经营实力的一个重要标志，企业要在激烈的市场竞争中处于主动地位，就必须顺应甚至引导社会的技术进步，不断地进行技术创新。

（三）效率创新

传统体制下的国有企业管理存在着重数量、轻质量，重投入、轻产出、重实物管理、轻财务管理，重完成任务、轻经济效益的倾向，致使国有企业的效率和效益普遍低下。因此，国有企业成为市场主体后，应不断改进和加强管理，实现效率与效益目标，以较少的投入获取较高产出，以合法经营获取尽可能高的效益。

（四）思维创新

企业管理思维模式的创新就是企业为了取得整体优化效益，打破陈规陋习，克服旧有思想束缚，树立全新的管理思路。思维创新直接地表现为一种创新性思维活动，企业价值观念和企业经营的创新，它深刻地影响企业的行为和效益，是企业管理创新的灵魂。

二、如何进行现代企业管理创新

（一）重塑政府职能，推动企业管理创新的健康发展

现实经济生活中，政府部门对该由企业自主管理的生产经营活动进行直接干预的现状未能改观是企业管理创新的一大障碍。为适应社会主义市场经济的需要，对企业管理进行创新，必须重塑政府职能，严格界定政府活动的领域，从制度上规范政府的行为，政府不再把企业当成行政机构的附属物，不再直接干预企业的生产经营和人、财、物管理以及分配、核算等具体的企业内部管理事务，而是把着力点放在为加强企业管理、进行管理创新积极创造良好的内外部环境上，即搞好宏观调控，做好规划、协调、服务、监督和政策引导。

（二）提高创新意识，建立高素质的企业家队伍

企业高层管理者是企业一系列创新活动的推动者和组织者，在公平竞争的市场经济条件下，企业创新的成败，在很大程度上取决于企业家的观念、素质和能力，尤其是企业家的创新观念。社会主义市场经济体制的建立和知识经济时代的到来，为中国企业家提供了施展才华的良好机会，因为改革越深入，市场竞争就越激烈，环境变化就越迅速，实施管理创新就越显得重要。

（三）重视企业文化，培育良好的企业创新环境

美国当代管理学家彼得斯和沃特曼在《寻求优势》中指出："成绩卓著的公司能够创造一种内容丰富、道德高尚而且为大家所接受的文化准则，一种紧密相连的环境结构，使职工们情绪饱满，互相适应和协调一致。他们有能力激发大批普通职工做出不同凡响的贡献，从而也就产生有高度价值的目标感，这种目标感来自对产品的热爱，提高质量，服务的愿望和鼓励革新，以及对每个人的贡献给予承认和荣誉。"这一看法虽然是在表明企业文化对公司员工的巨大影响，却也表明了企业文化能够成为管理创新的重要氛围。

三、现代管理创新性思维的形成与发展

人类在认识广袤的宇宙奥秘的实践中，之所以能够大显身手，创新性思维的知识结构作用十分明显，而创新性思维在管理中的作用则更为突出。但是，无论是泰罗所建立的科学管理理论还是行为管理、系统管理、权变理论学派，他们都忽略了一个重要问题，即创新性思维在现代管理中的作用，故而使其理论沉浸于用管理客体本身来说明管理客体，不免带有很强的经验主义的色彩，真可谓"不识庐山真面目，只缘身在此山中"。在高科技迅猛发展以科学创新、知识创新、管理创新为基本特征的当今世界，系统地研究创新性思维在现代管理中的地位与作用显得格外重要。

（一）创新性思维在现代管理中的形成

现代管理离不开创新性思维，在一定意义上可以说，现代管理和现代创新性思维是现代人类实践不可缺少的两个层面。现代管理是现代人类实践的组织机制，是为了更有效地实现组织目标而协调和控制的有效管理。创新性思维则是现代人类管理实践认识机制的重要方面，是管理主体为了更有效地实现组织目标、科学预测、科学决策、制订计划，健全机构、组织、指挥、调节和控制行为等等而进行的科学思维。现代管理的进步和发展正是现代管理创新性思维的沉淀与物化，同时也是现代管理创新过程向实践转化的最高体现。当然，创新性思维既是现代管理由实践向认识的升华，又是现代管理的导向及依据；既是现代管理的认识机制不可缺少的重要过程，并贯穿于管理实践的全部过程和每一过程的始终，又是现代管理主体的思维素质和管理业绩的集中体现。只有在管理过程中处处有创新，时时有创新，才能在管理实践中创造出辉煌。

现代管理的创新性思维以现代管理客体为研究对象，是现代管理主体发挥其主体性作用的最高体现，是现代管理主体将其认识客体、改造管理客体的活动内化于现代管理主体头脑中进行再创造的思维活动，是现代管理思维机制的重要阶段，是高度发展、高度组织起来的物质即管理者大脑的机能和属性的能动性表现，创新性思维的形成也是人脑通过传递生物电、处理信息进行的生理活动。信息通过感官，传入神经和感觉中枢，在主体的感受系统中储存，然后信息再通过机体的效应器官神经系统加工处理之后输出。在信息的输入与输出过程中，大脑则起到联络整合的作用，它构成了主体思维的调节系统。信息的输入与输出过程，正是神经细胞输入信息和输出信息的整合调节过程，信息在神经细胞间传递，进行神经系统的生物化学反映，这种生理活动，就是人的思维过程，这一思维过程表明创新性思维和其他思维一

样，不能离开人脑，如果离开人脑这一思维机制就不可能产生创新性意识产品。但是，人脑只能是一个加工厂，其原材料来源于客观世界，而管理主体的创新性思维正是管理世界在管理者头脑中的反映。当然，创新性观念，并不是简单地移入人的头脑中的反映，而是管理主体通过直觉思维、灵感思维、形象思维、想象思维等非逻辑思维，以及抽象、概括、选择、分析与综合等逻辑思维，在实践中进行超前性、发散性和多向性思考后而形成的创造性的思维成果，人脑只是创新性思维的内在机制，广阔的管理世界为管理主体提供了永恒的、不竭的实践对象，管理主体在其机制内尽情地发挥其丰富的想象力和创造力。不断地产生出新思想和新理论。

（二）创新思维在现代管理实践中的沉淀与升华

现代管理的创新性思维是高度发展高度组织起来的人脑的机能和属性。管理主体的创新性思维的形式是主观的，而内容归根到底是管理实践的产物。管理的创新性思维是人类所特有的一种思维能力，它和人类历史一样久远。人类社会是以结成一定的社会关系为特征的，而社会关系离不开协调、配合和控制，于是也就必然产生与之相适应的创新性思维。

当然，管理客体决定管理的创新性思维，管理的创新性思维恰恰是管理存在的反映。管理的创新性思维的内容来自于社会管理实践，并随着社会劳动实践、社会管理实践的发展而发展。在社会分工出现之前，人类就开始了社会管理实践，而那时的社会管理表现为一种笼统的公共事务管理和部落管理，作为管理主体所反映的是借助于技术手段适应自然、屈从于环境，在有限的区域内或实践中，思维主体通过管理感觉、管理知识，以及经验性的管理方式。因为那时还没有形成独立的系统的管理理论，工场主及自由资本主义时期的资本家只凭经验管理，还没有统一的管理办法，工人也只能凭经验操作。没有统一的操作规程，工人和管理人员的培养，主要靠师傅带徒弟的方式，还没有摆脱小生产的传统。作为管理主体所反映的只能是传统的经验的管理方式，管理思维的内容还没有摆脱机械性、直观性和经验性的束缚，仍处于科学管理思想的启蒙时期，还受着传统的、经验性思维框架的影响。经营管理是粗陋的，而且是因循守旧的，直到20世纪初泰罗创立了科学管理理论之后，管理思维才有了一个飞跃的发展，即管理中的创新性思维才逐步形成。

由此看来，管理的创新性思维是管理实践的反映。而管理实践是管理主体作用于管理客体的对象性活动，是管理者的能动的创造性活动。因此，管理的创新性思维是管理者在管理过程中运用抽象等逻辑的和想象等非逻辑的各种思维方式的最高体现。当人们作为一个管理角色进入现实的管理领域，才可能产生管理冲动和管理灵感，形成各类管理的创新性思维。所以管理的创新思维主要是管理实践者所拥有的思维活动。然而，管理实践活动是人类有意识、有目的、有计划、有组织的特殊的实践活动，这就意味着有一种源于管理又指导管理实践活动的理论思维形成。而这种理论思维的形成恰恰是管理者的创造性的思维过程，其内容来自于管理实践，是管理实践的能动性反映。当然，管理的创新思维如同其他思维一样，它并不是绝对消极的、直观的、简单的、被动的反映，而是更高级能动的反映，是各种知识素质和思维能力的最高体现。

（三）创新性思维在现代管理中使主体精神得到全面的发挥

管理的创造性主体在特定的时空中，同特定的管理对象相互作用而形成的创造性思维活动恰恰是社会管理智力、智慧和智能水平的整体凝结，是社会管理精神素质、科学文化素质与社会管理客体的有机结合，是相互联系和相互作用才形成的思维成果，并用于指导现代管理，使之成为指导现代管理实践的新理论、新思想，使管理主体达到对管理客体的真理性认识。

人脑是现代管理的思维机制，在现代管理实践中，思维主体通过管理感觉、管理知识、管理表象，从管理客体中获取大量的、丰富的感性材料和外界信息，并将产生的冲动、想象和灵感等输入大脑，进行分解、同化、变形、加工处理，运用管理概念，进行发散和集中、归纳、分析和综合，选择判断和推理，形成创造性思维产品。同时，又经过不断地反馈和调节，将信息（创造性思维产品）输送出去，再将其结果反馈回来，进行类比、选择、概括、总结，经过这样无限循环往复的加工制作和创造的过程，形成观念性、知识性、理论性的精神产品，形成前人所没有的具有某一时代、某一管理过程、某一特定的关于管理客体的内在的本质的和规律性的新认识。这就是主体思维与管理客体的相互联系、相互作用的结果，也是运用各种思维工具思维手段，有序地甚至是无序地进行创造性的思维过程，在这一过程中，创造性主体在创造性思维活动的运行中，依据管理客体的发展变化及时进行调整和协调，形成反映管理客体的真理性判断，为实现组织目标而做出科学决策，计划、组织、指挥、协调和控制管理客体。

这一创造性思维过程，既是思维主体运用想象、灵感深入地分析探索的过程，又是高度的逻辑的综合概括的过程，既具有丰富的广阔的想象力，又具有高度的综合性和概括性，当创造性主体对大量的管理感性材料、外界信息产生极大的兴趣，并进行加工、处理、转换和控制时，也正是主体综合地运用多种学科知识的过程。例如对一个企业管理，不仅要了解企业生产经营的一般过程，还要了解人以及技术设备、原料、投资等情况，这就需要一系列涉及人的心理、伦理、信仰、价值观念、行为规律的各种知识，还会涉到哲学、政治学、经济学、法律学、数学、统计学、计划学、审计学等各门知识，把这些知识综合地运用，形成思维方法、思维框架，进而综合地利用现代的思维工具和手段，对输入的感性材料进行分析和加工，即去粗取精，去伪存真，由此及彼，由表及里。这样一个反复加工、反复制作的过程，正是由具体到抽象、再由抽象到具体循环往复的理性思维过程。显然，这也是思维主体对各门知识广泛综合吸收和综合运用的过程，经过这样一个复杂的创造性过程，形成关于某一客体的认识成果，并实施于管理实践，指导管理实践。使主体思维的智力、智慧和智能水平在实践中得到整体性体现，同时，也是管理主体精神素质、文化素质的集中表现。

（四）创新性思维在现代管理中的超前性和滞后性

在现代管理中，创造性思维作为一种意识活动的最高阶段，它既来源于管理实践、依赖于管理实践又具有独特的发展规律和作用，具有相对独立性。这种相对独立性，主要表现为对管理实践的超前性和滞后性。管理的创造性思维的感性材料来源于管理实践，在感性材料的基础上，大胆创新，上升到理性，经过多次反复，就可以把握到管理实践中的规律性的东西。由此，它可以预测管理的基本发展过程、发展方向、管理的效率、管理中出现的问题及应采取的对策。管理创造性思维的这种超前性，在现代管理中的作用是十分明显的，也是非常重要的。它表现为管理主体通过大胆创新，把握管理对象的运动与发展的规律，在现有的管理条件基础上以尽可能少的劳动消耗和劳动占用，提供尽可能多的符合社会需要的产品和服务，努力提高管理效益，支持和指导管理体制的改革和管理方式、方法的发展，最大限度地触发管理者的积极性、主动性，推动最佳管理效益的实现。由此可见，实现现代化管理方式，形成有利于节能降耗、增效的经营机制的改革和促进社会全面进步的关键是，提高管理者的政治素质、知识素质、科学技术素质，形成科学的、现代化的管理思维方式。

管理的创新性思维不仅是超前的，也可能是滞后的。当管理者落后于管理实践时，盲目创新，对实践中发生的新的现象，不能给予正确的解释，这样对管理过程、管理结果、管理中出现的问题及对策等，都不能做出正确和科学的判断，其结果，管理者只是单纯地、被动地维持现有的简单的管理活动。即使是最先进的设备，财力充足并且可以充分供给支配，由于管理者的思维落后，不懂物、财及信息的价值而造成管理效率的低下。更有甚者，由于管理思维滞后于管理实践，对管理过程、管理效率判断失误，错误地大量投入人力、物力和财力，就会给国家和人民造成巨大损失。

当然，管理的创新性思维的超前性与滞后性之间的界限并非是绝对的。

在管理实践总体上超前性思维中，也可以包含局部的滞后。同样的道理，在管理实践总体上的滞后性思维中也就包含有局部的超前。两者之间的互相渗透，互相贯通，在一定条件下可以互相转化。我们现代管理者的职责就在于，避免管理思维的滞后性，尽可能地使滞后思维转化为超前性思维。

第三节 现代管理创新标准化研究

一、标准化管理及其内容

俗话说："没有规矩，不成方圆。"企业标准化贯穿了企业整个生产运营的各个方面。标准化是指将生产工作的方式和方法形成书面的规程和标准的操作流程、准则，从而对工作进行进一步的标准化和简化，使工作变得更为常规化和程序化，长此以往，累积成企业的一整套规范运作的规程与习惯，在此基础上形成企业独特的、内在的核心竞争优势。

标准化管理是指企业通过有计划、有团队组织和多种措施的贯彻执行，将已经制定好的标准贯彻到企业的生产运作、技术研发、经营销售与日常管理中的具体过程。企业只有在标准化管理下开展各种工作，才能实现效益最大化，全面提升竞争力。企业标准化管理涵盖了企业生产运作和经营管理的各个过程。具体体现在以下各方面：

生产作业标准化，即对生产作业的流程、方法、条件加以规定并贯彻执行，使之实现标准化运作。

营销运作标准化，包括营销策划管理标准化、销售过程标准化和售后服务管理标准化等方面。

物流管理标准化，指通过现代化的物流设备和经营管理方法，开拓物流管理的潜力并制定标准，使得企业物流信息灵敏、加快周转速度、提高效率、畅通渠道，降低成本。

人力资源标准化管理，是指企业通过规划、培训、评价、招聘、员工任用、职业生涯管理、绩效评估等手段，实现企业人力资源管理的标准化。

财务控制标准化管理，是通过资本结构决策、投资决策和资金运营等手段，使企业达到提高效率，降低风险的目的。

管理制度标准化，企业对需要制订的各类技术标准、管理标准和工作标准进行编制、整合、发布和修订，形成文件和制度，以对企业的生产管理和各项工作进行指导。

二、企业标准化管理创新的内涵及战略意义

（一）标准化管理创新的内涵

所谓标准化管理创新，是指在社会主义市场经济条件下，尤其是我国加入世贸组织之后，企业必须改变标准化管理现状，以建立差别优势，更好地满足顾客的期望和需要，提高企业竞争能力，实现企业的可持续发展为目的；在标准化管理的观念、标准及标准体系、模式及管理机制等方面赋予新的含义。

（二）标准化管理创新的战略意义

1. 顾客的需要已经成为企业一切工作的出发点

标准化作为企业生产经营管理的重要工具，必须随着企业经营理念和机制的转变进行创新。经过创新的标准化将在为企业改革和发展的道路上推波助澜，促进企业的核心竞争力的提升及可持续发展。

2. 产品竞争，标准先行

将标准化作为企业参与市场竞争的战略手段是企业管理创新的重要内容，对于我国企业管理与国际接轨，将产品打入国际市场具有极为重要意义。

3. 标准作为技术的载体，与技术创新是密不可分的

标准创新是企业技术创新的内容和结果。标准化管理创新是我国民族工业提升国际竞争力的重要举措。

三、企业管理标准化的创新问题

在企业管理的具体实践中，管理标准化被普遍认为是一种相对比较单一的管理手段，企业的标准化管理是一个相对比较综合性并且相对比较有重点的管理方法，在日常管理的基础上，一般的企业管理标准化要具备以下三个方面的特征：

（一）管理的规范化

在管理的过程中，规范化管理的制定以及执行过程能够最大限度地解决企业存在的分工不清、权责不明以及基础管理工作薄弱的问题。规范化的管理的主要内容就是在企业的发展战略设计以及企业的组织结构设计、职能的分解和设计、职位的描述等等方面进行详细的规定和规范化的管理。

（二）管理的精细化

在管理的过程中，精细化的管理是管理的标准化的核心所在，在精细化管理中，一般可以从目标的管理、企业的成本管理、企业的品质管理、企业的设备管理、企业现场的管理等几个方面进行。而企业的精细化管理的过程中，必然会使企业的员工养成良好的工作习惯，能够使员工在工作的过程中

形成积极向上并且创造性地提高工作效率的目的。

（三）管理的人性化

企业在管理的过程中，其主要的对象就是企业的人，因此要坚持在管理的过程中以人为本的观点，以员工的培训为最基本的工具，在企业的管理过程中加强对员工的激励政策，加强人力资源管理的科学性，努力实现企业与员工之间的双赢。

四、标准化管理创新的内容

在当前全球经济一体化的趋势下，传统的标准化管理模式已经不能适应当前企业发展的需要，我国企业要想提高核心竞争能力，实现可持续发展，必须对标准化管理重新定位和思考，对标准化管理的观念、内容、实施过程、模式及管理机制等方面进行创新，建立适合中国国情的标准化管理模式。当前企业标准化管理创新要涵盖以下四个重点。

（一）加强标准化观念创新

传统的标准化理念将标准化管理定位在技术基础和管理手段方面，其管理宗旨为"产品合格"。在"产品合格"观念指导下的企业标准化工作表现出明显的滞后性，它不可能成为构造企业核心竞争力的重要因素，有时甚至制约了企业生产经营活动的改进与提高。许多发达国家的跨国公司在标准化管理上都投入了大量资源，通过取得国际标准化活动的控制权来占领市场份额，这种行为已经远远超出"产品合格"的范畴。因此，当前的标准化建设应当立足于我国企业所面临的内外形势，树立标准化"竞争管理"理念，通过获得"差别优势"，让企业运作得更顺畅，让顾客更满意。标准化观念创新表现在以下四个方面：

1.竞争意识：企业必须在生产运作当中树立标准化管理的竞争意识，这表明标准化不仅仅是企业的一项基础管理工作，而且是企业参与市场竞争创新的重要武器。

2.战略意识：企业必须制订标准化的战略规则，制订明确的企业标准化战略目标，并拟定具体的实施方案和策略。企业标准化战略应与营销战略紧密地结合，为企业的整体生产经营战略服务，增加企业的整体创新能力。

3.协作意识：企业与企业之间要树立标准化管理的相互协作意识。我国的企业发展环境复杂多变，要求企业必须与科研院所、标准化行政主管部门、同行业竞争者、供应商以及客户紧密协作。国内竞争者之间，应结束敌对和争斗的状态，携手结成标准化战略联盟，共同努力研究和制订相关领域内的新型技术标准。

4.前瞻意识：企业要树立对标准化管理的前瞻意识，时刻把握世界经济、技术发展的脉搏，洞悉市场需求的变化趋势。标准化活动要有前瞻性，不仅要满足消费者的现实需求，还要满足消费者潜在的期望和需求，才能始终站在行业发展的最前沿。

（二）加强标准化内容和实施过程中的创新

企业要改变生搬硬套国家标准这一传统思路，以市场为导向，结合企业实际，在企业标准内容的制订和实施过程中实现创新。

1.注重意识创新

要具有以人为本、顾客至上的超前意识，充分考虑产品满足顾客的潜在需求。企业在制订标准时必须把员工的职业健康，消费者的生命、健康和环境保护放在首要位置。确定和贯彻绿色标准是企业今后标准化活动的必然趋势。不重视员工和消费者的生命和健康，生产经营过程中破坏环境、浪费资源的企业，不可能实现可持续发展，注定要被市场竞争所淘汰。"个性化"和"绿色化"的标准，有利于增强企业的差别优势。

2.注重与时俱进

标准体系不是一成不变的，它是一个动态的系统。企业要根据市场需求、国内外技术发展动态以及竞争者等情况，适时修订和完善标准体系，始终保持标准的先进性、适宜性、协调性和配套性，只有这样，才能为企业开展生产经营提供坚实的技术基础，才能有效地突破国际市场标准中的绿色壁垒。

3.注重技术创新

企业在标准化管理创新的同时也要加强技术方面的创新，标准内容确定之后，需要把具体的技术要求变成现实。企业竞争实践表明，产品生命周期正随着技术生命周期的缩短而缩短。企业要想生存和发展，就必须增加资源投入，不断地进行技术创新。

（三）加强标准化模式创新

在我国的市场与经济发展的很长一段时期内，我国企业标准化建设工作主要是靠政府意志的驱动，因此，传统的企业标准化管理模式被称之为"政府驱动"模式。这种模式常常忽视了企业的主观能动性和市场的需要，导致了当前我国企业标准化管理的消极、被动和落后的局面。在现代市场经济的条件下，企业标准化创新应当遵循"市场驱动"的模式进行创新。这种模式下，其标准化主要靠市场牵引、技术推动。政府主要以法规的形式规定哪些标准必须执行，发挥的是宏观引导作用。企业是市场真正的主体，为了实现利益的最大化，在市场的需求驱动下，制订有利于顾客满意和扩大市场占有率的产品标准。

（四）加强标准化机制创新

标准化机制创新包括标准化管理中的用人机制、科研与激励机制、评价机制和监控机制等内容。

1. 建立新型的标准化管理用人机制

引进专门的标准化管理人才，同时培训企业相关人员；标准化管理人才的知识面要广、内容要新，要熟悉企业生产经营情况；可以借用"外援"，聘任科研院所的专家学者为企业的标准化活动出谋划策。

2. 建立标准化活动的研究与激励机制

既包括与技术研发有关的标准化问题，还包括企业的标准化战略、某些专项问题（如突破技术壁垒）等相关内容的研究和攻关活动。激励机制与研究活动密不可分，完善的激励机制可以促进标准化研究成果的积累和提升。

3. 建立标准化管理的监控机制

为突出标准化管理的重要性，可设立专业的监控机制，指导和监督企业标准化的科研及管理活动，负责企业标准化管理的具体工作。

4. 建立标准化管理的评价机制

即要定期对企业标准化活动效果进行评价。评价的依据是与国内外竞争者相比，企业标准化的差别优势和顾客的满意度。

第四节 我国现代管理创新的现状

经济学家约瑟夫·熊彼特于1912年首次提出"创新"的概念，之后将其应用到企业管理领域。当前，我们可以把企业管理创新概括为企业根据市场和社会的变化，重新组合人才、资本、技术等要素，通过创造革新以适应市场变化，满足市场需求，促进企业管理系统综合效率、效益不断提高以实现企业的经济效益和社会效益。在我国，企业管理创新的主要内容包括经营思想和管理理念的创新；经营战略和战略管理的建立和创新；组织结构和管理体制的创新和管理规范及业务流程的创新等。对于企业来说。管理的过程就是不断创新的过程，而创新则是管理的基本属性，只有通过创新才能不断实现企业现代管理的目的和要求。二者是相互依存、密不可分的。

一、企业管理创新的必要性

首先，管理创新是企业拥有核心竞争力的关键。创新是一个民族进步的灵魂，是国家兴旺发达的不竭动力，对于企业，同样如此。随着经济全球化进程的不断加快，我国企业要想在激烈的国际竞争中立于不败之地，就必须根据知识经济的要求，通过改革创新及时调整发展战略，适应市场经济的变化需求。面对残酷的竞争压力和竞争环境，企业只有进行管理创新，才能真正拥有核心竞争力，向市场提供科技含量和技术水平高的新产品，通过物美价廉的商品和优质的服务吸引顾客，拓宽市场。

其次，管理创新是企业实现可持续发展的源泉。管理创新与否直接关系到企业的生存和发展，它是企业实现可持续发展的重要源泉。任何一个企业，都要经历从小到大、由弱到强的发展过程。在这个过程中，企业的管理创新起到至关重要的作用，它能为企业注入新鲜血液，为企业赢得长久的生命力。企业管理创新成功与否，直接影响着企业的发展前途。为了能够获得持续发展，企业应该与时俱进，通过创新制造出人无我有、人有我优、人优我廉的产品，为企业注入新的活力，促进企业的稳定持续发展。

最后，管理创新是企业提高经济效益的根本途径。任何企业都是以盈利为目的，争取实现利益的最大化，而企业管理创新正是实现经济效益的有效途径。通过管理创新，改变旧的管理体制和管理方法，使企业更加适应变化了的市场环境和顾客需求，生产出适销对路的高质量产品来吸引顾客，开拓市场，获得利润。管理创新的过程既是企业实现持续发展的过程，也是企业追求收益最大化的过程。企业管理创新成功与否，直接决定着获得收益的显著变化。这种收益不论是当前的还是长远的，最终是为了提高企业的经济效益。

二、企业管理创新的现状

为了企业获得长足的发展，提高人们的生活水平，促进我国经济的持续增长，各企业在管理创新方面已经取得了很大的成就，呈现出新的特点，比如以现代管理理论为指导，具有明显的系统性和科学性；从解决主要矛盾和薄弱环节入手，具有很强的针对性和目的性；调整生产关系与科学组织生产力相结合，具有密切的相关性等。当然就企业的管理创新而言，我们在看到可喜变化的同时，还应该看我国企业的创新数量、水平和绩效比较低，与世界发达国家的管理还存在着较大差距。

（一）企业管理创新的观念落后

管理观念是由很多内容构成的，包括改革创新思想、智力开发思想、竞争观念、人才观念、时间观念、效益观念和市场观念等，是企业的管理者在管理企业运行过程中用到的管理理念和一系列的思想。我们说理念是行为的先导，它决定了人们对问题的认识和看法。当前，一些企业的管理理念比较落后，缺乏创新理念，缺乏自主创新的能力，一味地模仿，循规蹈矩，难以生产出具有自主知识产权的高质量产品，产品的市场空间有限，难以在激烈的竞争中立足，最终导致企业在管理科学化、现代化进程中受到束缚，面临着被淘汰的危险。

（二）企业管理制度落后

企业的管理制度包括企业组织机构设计、职能部门划分及职能分工、岗位工作说明以及工作流程等制度，它是企业员工在生产经营过程中必须遵守的规定和标准。目前，就我国企业管理制度来说，存在如下的问题：有的企业还没有完善的管理制度，不能全面地协调企业所有者、经营者、劳动者的利益，导致企业管理效率低下；有些企业组织机构设置不科学，职能部门对职能的分工不明确，工作流程不严密等。针对以上的问题，企业应该成立科学的组织机构，建立合理的职能体系，形成有效的权力系统，共同致力于企业的良好发展。

（三）企业管理者的素质还有待提高

企业能否拥有一支高素质的创新管理者是企业能否实现创新管理的关键，对企业的发展具有重要的作用和意义。企业管理者的素质直接关系到企业决策的正确性和科学性，决策水平的高低也将影响到企业未来的发展状况。企业管理者的素质也将影响到企业的执行能力、经营成果和经济效益，关系到企业的可持续发展。总之，企业管理者的素质决定了企业未来的竞争能力，决定着未来的战略定位。而未来竞争的制胜点就是人才的竞争。所以企业应该对工人进行定期培训，提高知识素质、能力素质、心理素质和创新素质、形成一支高素质的人才队伍。

（四）企业管理组织形式有待优化

从大量相关调查中得知，我国企业的组织结构大多数采用的是直线职能制，同时，也有一部分采用了矩阵制、事业部制、多维立体制等其他的组织结构，由此可以看出，我国企业管理的组织形式具有多元化的发展趋势。但是，同时需要强调的是，在选择和设计组织结构时，出现了一些问题，比如，组织形式过于单一，管理跨度过大，管理组织的适应性、工作效率都较为低下，直线指挥系统与职能参谋系统出现了一定的交叉，等等。

（五）企业管理层结构单一

通常情况下，在较为独立的经济核算单位中才能进行管理创新，而进入管理创新这一领域的工作人员基本上都是专职的人员，并且是中高层的管理人员，而很少有技术人员和基层操作人员参与进来。这是现代企业管理创新中的一个普遍现象。由此可以看出，现代企业管理层表现出了结构单一、狭窄的现状，对于企业管理创新的发展来说，这是不好的因素。

三、现代企业管理创新中出现的一些问题

我国的的企业大都属于生产资料密集型企业，投入大、消耗大、成本高、风险大是这一类型企业的主要特点。相较于其他国家来说，这一类型企业所创造的利润产值也比其他行业创造的利润产值高一些。正是由于生产资料密集型企业具有如此显著的特点，使得管理创新的成本大大加大，对于我国企业在管理创新方面的突破也起到了一定的阻碍作用，从而导致我国企业的管理创新的难度要远远大于其他国家。现代企业管理创新中存在的亟须解决的问题有很多，将这些问题几种归纳起来，主要有以下几个方面。

（一）思想观念方面

这主要是指对市场经济意识、企业忧患意识的适应性欠佳。具体来说，这可以从以下几个方面得到充分的体现：

1. 一些企业员工只对收入的提高重视，而对其他事情则表现出较为淡漠的关注；

2. 依旧对计划经济体制有较强的依赖性，其观点仍然停留在企业应该包办一切的阶段；

3. 对企业管理的改革产生一定的抵触心理；

4. 满足于目前的生活和企业现状。这些都在很大程度上禁锢了企业管理观念的创新。

（二）企业管理体制方面

由于我国很多企业都是从国有体制改制而形成的，都在一定程度上对计划经济时代的一些问题有一定的沿袭，从而最终导致企业的管理体制的改革不够彻底，不能与社会主义市场经济企业制度的需要相适应。除此之外，企业管理体制方面还存在着其他的一些问题，比如，企业管理机构较为烦冗，管理幅度过大，制度规章繁多，责、权、利没有达到高度统一，没有合理地利用人力资源，等等。这些问题都对现代企业管理的创新与改革造成了一定的阻碍。

（三）企业管理机制方面

我国大部分企业管理机制方面的灵活性都较为欠缺，员工激励制度的进行也没有取得理想的效果。具体来说，这主要体现在以下两个方面：首先，被动的激励多，主动激励的少；其次，承诺的激励多，落实激励的少。除此之外，企业管理机制方面的问题还表现在企业单位与单位、部门与部门、单位与部门之间的联系方面，没有能够通过一条有效的纽带将这些因素有机地连接在一起。

（四）人力资源规划方面

目前，有很多企业已经对人力资源管理的重要性有了较为深刻的认识，并且开始重视这一方面，这是很好的。但是，需要强调的是，在管理理念上还存在着一定的差异性，人力资源投入方面也表现出明显不足的问题。从最近几年的相关调查中可以发现，企业在人力资源规划方面表现为：多数企业制订了人力资源规划，并与经营战略有机地结合了起来，在员工培训与再教育上设有专门机构和培训计划；同时，不可忽视的是，也有一大部分企业不能使员工与企业发展有机结合起来，更不用说员工职业生涯发展计划的制订了。

第二章 现代企业管理创新与企业经济发展

第一节 现代企业经济管理存在的问题及对策

现代企业离不开现代化的管理，经济管理是企业的核心管理，企业在日常的运营和管理中要突出经济管理的价值和作用，现代企业经济管理的前提应该是建立在对现代企业管理工作中存在的缺乏明确的管理职责、管理组织相对落后等问题的分析和论述，勾勒出现代企业经济管理的内在运行方式和逻辑，然后根据企业实际更新企业的经济管理观念，使其逐步现代化，同时创新企业经济管理制度和策略，加强现代企业经济管理体系的优化，严格进行现代企业经济管理体系的组织和评审，从观念、制度、体系上推进现代企业经济管理机制的建立。

一、现代企业经济管理的本质

现代企业经济管理是现代企业的根本标志，一直是企业在从事经济活动、管理活动中应用的管理原理、管理思想和管理方法的总称，在体系上看现代企业经济管理是企业经济和管理活动的统合。现代企业经济管理在本质上有管理学和经济学交叉的表象，是两方面学科知识有机地整合，现代企业经济管理能够清晰地反映企业经营理念、管理的主旨和企业核心利益，是现代企业发展和壮大重要的根基和保障。企业实现现代企业经济管理可以科学统筹和安排企业生产、经营、质量、销售、财务等各个环节，使企业各项资源得以不断集中和有效利用，在扩大企业优势的同时，促进企业取得长足的进步和发展。

二、现代企业经济管理的模式

企业发展是一个不断演化的经济学概念，即要把企业的发展历程作为一个包括发生阶段与发展阶段两部分的过程来看。任何一家企业，都有一个创立、生存与发展的过程。因为，有的企业可能会更具有成长性，而另一些企业则像一棵生病的树，总是长不大，甚至夭折。其中的原因，除了不可控的机遇与外在环境因素外，企业内部的经营管理问题是最大的根源。而在企业内部的经营管理中，企业经济管理则是其中的重点。所以，现代企业制度之下的企业经济管理模式，应在遵循企业经营目标与方针的原则基础上，在企业经营的各个职能领域内，确立以市场为导向，以竞争为核心，生产与流通相结合，内部条件与外部环境相结合，经营战略与具体战术相结合，同时树立权变管理思想，形成自己的经济管理方法，构建现代企业经济管理模式。

三、现代企业管理存在的主要问题

（一）企业管理缺乏明确的职责

没有主体意识企业管理将会陷入职责不明确的怪圈，将影响现代企业经济管理制度的创立，最终制约企业的综合发展。企业进行经营活动的主要目标是经济利益的最大化，现代企业经济管理就是维持这一方向的有力保障，在社会主义市场经济日益发展的今天，企业被赋予了更多的发展任务和目标，除了关注经济效益这一基本指向外，现代化的企业还要有系统思想和全局意识，应该重视企业环境效益、社会效益和其他效益的综合发展，否则企业就会失去平衡，产生发展进程的阻断和发展方向的迷失。当前企业领导者和管理者还深受传统企业经济和管理观念的影响，忽略了企业各项工作的系统性和全面性，导致企业各部门间和各工作人员间存在着沟通和交流上的隔阂问题，特别是出现管理责任的划分和问题责任的认定时，常会因为管理缺乏主体意识而导致责任不明确。一些企业没能将现代企业经济管理的实质落实到位，管理措施和体系如同摆设，这样的经济管理既不利于激发企业员工的积极性，又不利于企业管理职能和效率的发挥，还不利于企业的长远发展，成为企业成长的障碍，难于真正发挥现代企业经济管理的优势和长处。

（二）企业管理组织结构松散

当前企业管理组织结构松散主要有以下几方面的表现：一是，企业管理组织结构单一，受到传统管理思想和思维定势的影响，很多企业采用直线化的运作和管理方式，虽然可以较为完整地执行管理命令，完成管理职能，但是容易形成人浮于事、机构重叠的问题。二是，企业管理组织结构松散会造成领导层管理的缺失，没有严谨的结构领导层将不会及时全面地掌握企业经济状况，使得领导层出现对经济管理工作的漠视，这对于现代企业的经济和管理来说无疑是一种非常不利的影响。三是，现代企业各系统、部门和个人之见存在着较大的交融性，互相的配合必不可少，出现各种矛盾也不可避免，如果企业管理组织松散，将会造成矛盾的增加、交融性的降低，这不利于企业实现自身的价值、取得自身的利益、获得自身的发展。四是，企业管理组织结构松散将会降低企业面对市场的竞争力，表现为企业适应能力的降低，既不能提高企业的效率，又不能及时调整企业发展方向，还不能加速企业适应市场的需要，总之，严重影响企业经济和管理，阻碍企业取得持续发展和不断进步的可能。

四、现代企业经济管理的对策

（一）创新现代企业经济管理观念

观念是行为的前提，企业管理观念是企业经营的主导，在现代企业的管理活动和经济活动中处于中心的位置，各项经济活动和管理活动离不开经济管理观念的指引。因此，实现企业内部全体员工现代企业经济管理观念的更新，特别是企业高层领导思想观念的创新具有十分重要的作用。应该在企业内部至上而下建立起一整套现代企业经济管理体系，为企业创设出一种良好的内部管理环境，在和谐、积极、宽松的氛围内使企业全体员工能够高效工作，更好地完成自己的本职任务。当企业在推进和更新现代经济管理观念时，要把握企业的特点和时代发展的脉络，要关注经济管理方面的新观点，要注意培养企业员工的战略意识和危机管理意识，以更为全面的观念和思想为现代企业制定经济管理目标和经济方针提供可靠的保证，实现使全体员工及领导管理层树立科学的管理理念和全局观念的目的，为企业应对越来越激烈的市场竞争做好思想上和观念上的准备。由于现代企业经济管理工作具有影响规模大、牵涉范围广等特点，因此现代企业需要将创新管理理念作为指导，并且还要具备评估和预测各种企业风险的能力，重视运用比较先进的管理技术和方法，真正达到发展企业决策水平，使现代企业经济管理能力得到相应的提高，确保企业能够面对市场和竞争的挑战，从而使现代企业能够持续健康稳定地向前发展。

（二）构建现代企业的经济管理制度创新

现代企业经济管理制度是企业发展的目标，当前很多企业将构建现代企业经济管理制度作为发展的策略，应该看到现代企业在社会主义经济体系中的重要地位，要在创新企业经济管理制度和策略的过程中保持清醒的思维和明晰的方向，要努力使企业内部现有的组织模式和常见经济问题得到有效的解决之外，应该立足企业实际，达到够满足现代企业生存和发展的基本要求。现代企业在制定经济管理制度时，需要坚持综合考虑、全面分析的重要原则，并充分考虑到企业的各项生产、管理以及经营活动的具体要求，并且能够根据企业的发展情况对经济管理制度的相关内容进行适时地调整，从而提高企业的管理水平以及管理制度的实际操作能力。创新现代企业经济管理制的同时应该使企业员工对经济管理制度中规定的权利和义务有一个明确的认识，需要建立适宜的奖罚制度，达到加速现代企业经济管理制的建立进程，提高现代企业经济管理制构建的水平的目的。对于工作中业绩比较好，表现比较积极的部门或个人给予相应的物质奖励，对那些工作中存在诸多问题工作人员或管理人员需要给予相应的处罚，以起到警示的目的。现代企业经过这样的奖惩制度，不仅可以更好地实施和推行经济管理制度，还要在一定程度上提高企业员工参与企业经济管理的积极性和主动性，同时也能使企业员工能够有章可循，更好地履行现代企业中的各项规章制度，促进企业的健康快速发展。

（三）优化现代企业经济的管理体系

经济管理体系是企业经营的组织基础，在社会主义市场经济的新形势下，企业进行经济管理工作的开展和创新时必须依靠经济管理的体系，经济管理体系决定着企业发展的模式和方向。当企业经济管理主管领导确定了发展目标和方向，接下来的步骤就是依靠现代企业经济管理体系，以具体执行部门和监督部门负责进行具体的经济活动，可见现代企业经济管理体系的价值和在经营活动中承上启下的作用。应该根据企业的发展目标对企业经济管理的实际展开对现代企业经济管理体系的优化工作。对企业现代经济管理体系进行评审和优化时，应该具有超前意识和长远观点，充分考虑企业自身的长处和劣势，结合企业经济管理体系存在诸多特点的同时，采用分解评审和分层次优化的方法，然后将各个方面评审的结果进行综合，以辩证的手段使经济管理体系得到系统性优化。在对现代企业经济管理体系的具体实施情况进行评审时，企业主管领导和管理人员需要对评审人员的组织和构成予以关注，要结合企业的发展实际确定经济管理部门实际的工作效率，将企业的成长和发展纳入到评审的范围内，特别关注对长期存在的问题的处理，以不断改革和完善的方法，达到优化企业经济管理体系的效果。同时，企业在评审经济管理体系时要注意考核方法的全面性和先进性，应该引入综合绩效考核的办法，让企业各领导、各部门、各工作人员都能了解评审的重要价值，清楚评审的方向和意义，这有助于评审工作的深化，方便准确地突出经济管理责任的主体，使接下来的现代经济管理的各项改革工作能够得到更好的支持。

（四）明确经济管理目标

企业的经济管理是贯穿于企业生产经营的各个环节中，在企业的经济管理中要其量化，需要制定明确的经济管理目标，不仅针对企业整个生产经营活动制定目标，而且根据企业不同部门制定具体的经济管理目标，然后建立经济管理责任制，将经济管理目标逐级落实到企业的每一个工作人员身上，从而提高他们的责任意识，对于完成经济目标的员工要给予一定的奖励，对于没有完成目标的人员要给予相应的惩罚，这样不仅可以加强企业员工对经济管理重要性的认识，而且能降低企业生产经营过程中各种资源的浪费，从而提高企业的经济效益。

（五）加强人力资源管理

企业人力资源管理部门的工作是对企业中的人员进行任用和调动，从而满足企业的发展需要。从经济管理中来说，企业在人力资源管理中要针对不同的工作岗位要安排合适的工作人员，在经济管理中，要针对经济管理的特点，选择适合的管理人员，在管理人员的聘用中不仅需要对其专业知识进行考察，而且看其是否具有较高的管理能力，并且在企业的发展过程中人力资源管理部门要为企业经济管理人员提供参加培训的机会，帮助他们更新知识，从而提高企业经济管理水平。

综上所述，现代企业经济管理对于企业来说有着重要的价值，应该从心理上真诚接纳现代企业经济管理观念，使其融入到企业经营和管理工作的细节中，纠正企业在推行现代经济管理制度中职责不清、组织结构不严谨的错误，以新型的观念、创新的制度、优化的管理体系实现现代企业经济管理的功能。

第二节 新时期企业经济管理的创新策略分析

在当前市场经济形势下，企业经营发展所面临的市场竞争日益激烈，尤其是当前我国正处于经济体制改革以及经济增长方式转变的关键阶段，这种新形势对于企业的经营管理水平也提出了更高的要求。对企业的经营管理模式进行优化，对企业的管理方法进行创新，对企业的经营治理结构进行完善，已经成为当前我国企业发展的首要任务，这对于推动企业的战略长远发展也具有重要的作用。

一、企业经济管理及其重要性

企业经济管理就是企业管理者采取一定的经济管理方案，定期对企业经济管理体系进行评审，实现企业经济管理效果的方法和模式。通俗而言，企业经济管理就是以企业的经济效益为中心，对企业全部因素进行考虑，使企业各子系统的功能之和大于企业系统功能。对于当前企业来说，由于市场竞争加剧，企业必须要通过自身的改进来适应市场的需求，从而实现发展目标。作为企业管理中的重点，经济管理对于企业发展有重要的意义。

（一）企业经济管理为企业的发展指明道路

对于整个企业而言，企业经济管理活动是企业进行其他活动的重要前提，只有加强了企业的经济管理，落实经济管理内容，才能保证企业所有规章体系的完善和落实。企业经济管理工作还能激发企业职工的工作积极性，为企业创造更多的利润。

（二）企业经济管理能提升企业竞争力

当前企业面对残酷的竞争，而企业竞争的实质是企业综合能力的竞争。加强企业经济管理创新，能够对当前企业经济活动中的问题及时发现，提升对企业经济活动的管控能力，减少经济决策失误，提升企业利润空间，增强企业发展动力，扩大企业的竞争力。

（三）提高企业资金利用率

企业资金是企业得以生存和发展的保障，随着我国市场的进一步开放，在全球化经济环境中，企业要想获得高利润，必须要从内部入手，降低生产成本。通过经济管理活动，企业可利用资金被合理配置，以有限的资金实现最多的利润，提高企业的资金利用率。

（四）企业经济管理能对企业营运状态全面反映

企业财务指标是对企业财务活动直接真实的反映，从经济角度反映出企业运作模式以及各项决策的落实情况，经济管理中通过对这些指标的分析能对企业以往运营中的问题深入了解，同时能确定当前企业的营运状态，使企业管理者能科学进行下一步决策。

二、企业经济管理创新的意义

（一）企业创新经济管理是经济发展形势的需要

世界经济形势不断变化以及我国市场经济体制的改革发展，使得当前企业所面临的市场环境已经形成了新的经济格局，企业为实现自身的长远发展必须改革经济管理体系，通过自身改革适应经济格局发展的需要。

（二）企业经济管理创新是企业经济活动顺利开展的重要保障

企业经济管理工作涵盖内容较广，涉及到企业经营发展的生产、经营、销售以及售后业务等各个环节，通过企业经济管理创新，可以确保各项业务有序开展。此外，对于企业经营管理较为重要的资金收支、融资、投资决策、预算控制、成本管理以及风险控制等内容，都是经济管理的范畴，强化企业经济管理也是确保这些业务活动安全的要求。

（三）经济管理创新是知识经济时代企业发展的重要推动力

当前我国经济发展早已经步入知识经济时代，企业在知识经济时代若实现自身的战略性发展，必须要适应知识经济时代对企业治理结构的不同要求，对经济管理模式进行改革创新，强化对企业的经济管理。

三、新形势下企业经济管理创新的重要性和必要性

企业的经济管理是企业整合经济资源、合理使用经济资源的重要手段和有效方法，可以为企业经济决策提供可靠依据，是企业可持续发展的重要支撑。同时也是一项具有复杂性和整体性的系统工程。经济管理不但是企业的管理手段，同时还是企业生产力的重要表现形式，经济管理水平的高低与企业发展力和竞争力之间存在着千丝万缕的联系。在当今市场经济和全球化经济高度发展的情况下，科学技术的普及以及世界范围内的信息共享、商品流通都使得企业有必要进行经济管理模式的创新。但是，经济管理的方法和内容也具有不同之处，应该根据不同的企业性质、不同企业经营环境、经营目标和管理体系的具体情况确定经济管理的具体模式与具体方法。从总体上来看，经济管理的模式与方法有所不同，但是其基本内容和影响因素却大致相同。第一，都是受到知识经济作为基本背景的新经济特性影响，都处于经济全球化的大背景之下。第二，都受到世界范围内的互联网技术以及网络技术的影响。企业在全球化和市场化的环境中不可避免地受到这些因素的综合作用。总之，在新形势下企业面临的外部环境更加开放、更加复杂，面临的国际竞争更加激烈。我国的企业大都缺乏先进的管理理念。不可否认，在我国社会主义市场经济不断完善和发展的过程中，很多企业已经做出了适当的经济管理理念的调整和转变。同时，在国家市场经济体制的转变与全球化市场竞争的巨大压力面前已经深刻认识到经济管理的重要性，也采取了一些措施，取得一定成就。但是，我们应该清醒地认识到经济管理的实质并没有发生改变，经济管理仍然缺乏科学性、整体性和战略性。另外，对企业经济管理的基本概念以及相关理论知识的理解还存在一定差距，并没有做到与企业的实际情况以及企业面临的问题进行充分结合。因此，经济管理不够科学、不够严谨仍然是中国企业经济管理的缺陷所在。

另外，企业的经济管理创新缺乏相应的监督机制和内部控制机制。也就是说，我国的大多数企业经济管理的目标并不明确，缺乏相应的监督机制，经济管理的质量得不到根本保证。同时，由于对于经济管理的基本内涵没有充分把握，大多数企业经济管理的控制目标定位比较低、很多目标过于简单

化与形式化，这是过去很长一段时间内我国企业无法形成高效的内部控制的重要原因，因此我国企业的经济管理应该建立相对规范的监督体系作为保障。很多企业将企业内部控制的概念缩小化，认为企业内部的管理控制仅仅指的是会计控制，这种错误认识将企业经济管理的范围缩小，仅仅停留在内部会计的管理控制上。

综合分析当前的经济发展形势和市场状况，企业全面的经济管理已经是势在必行的重要管理方式，只将企业内部的财务审计看作企业经济管理的唯一内容是错误的，这一做法将会给企业发展的潜力带来巨大危害。因为企业经济管理的模式是否科学将会从很大程度上影响到资源能否合理使用。我们应该充分认识到，在当前的企业发展环境下，单纯的财务管理与企业可持续发展与全面发展的要求相去甚远。

四、企业实行经济管理创新的重要作用

企业管理是生产力的重要体现，而经济管理创新是优化企业资源配置的重要途径，因此，在当前社会生产力空前提高的形势下，企业的经济管理策略也必须进行创新改革，摒除陈旧的企业经营模式，将信息技术、互联网技术以及科学知识等元素融入到经济管理创新实践活动中。总的来说，企业对经济管理创新有如下几方面的作用：

（一）促进经济体制改革进一步深化

近年来，我国经济发展经过改革开放迅速上升的阶段之后，进入了平缓期，企业经济管理水平与国外相比，受到的制约明显。一方面体现在我国的市场经济体制及经济方面的法律法规不够完善；另一方面体现在企业普遍存在追求低成本、高效益的现状，资源利用率较低，管理模式属于粗放型管理。实现管理创新，可不断深化市场经济体制及管理模式的改革，更符合现代化企业的建设。

（二）科学地创造更大的利润空间

由于现阶段国际、国内经济竞争非常激烈，社会经济发展进入一个新阶段，这对企业而言，机遇与挑战并存，竞争压力促使企业管理不断进行改革与创新，反过来，创新的管理也能促进企业不断壮大，这是企业保持竞争力和健康持续发展的有效策略。

五、当前企业在经济管理中存在的问题分析

（一）企业的管理理念落后

管理理念是影响经济管理效果的最主要因素，很多企业由于思想观念陈

旧,进而阻碍了企业经济管理的创新。就目前企业经济管理而言,管理理念有待更新,面对经济全球化趋势下的企业经济,管理部门必须要有危机意识,认清新形势带来的不仅是机遇,也有挑战。如果企业缺乏战略管理理念和危机管理理念,就很难在经济大环境中获得长足的发展。在企业的实际管理中,很多高层管理者没有从实际上认识危机管理理念,而是将理念作为一种演讲理论,一味纸上谈兵,无法在企业经济管理工作中落实。

(二)企业的经济管理方式十分落后

一些企业在从小做大、从弱变强的过程中,生产规模不断扩大,业务经营能力不断提高,企业的部门也是逐步增加,但是企业的管理模式却缺乏创新升级。一些企业仍然采取传统的管理模式,对于企业的经济管理采取粗放的控制管理,内部经济管理弱化,一味地通过增加投资以及扩大生产规模等措施来对企业开展管理,各种信息化、自动化的管理方式未能得到普及使用,内部控制管理体系不健全,风险控制管理能力较弱,都对企业在复杂市场竞争形势下的经营发展造成不利的影响。

(三)企业的治理结构不科学,经济管理制度不完善

首先,当前企业的治理结构不科学,财会部门、内控部门等部门的职能严重弱化,无法发挥规范企业经营管理的作用,而且企业的整体治理结构仍然是传统的金字塔结构形式,信息传递以及决策执行效率较低,已经不适应新时期新形势对于企业各项业务活动开展的需要。其次,企业的经济管理制度不健全,由于制度不健全,导致企业各项经济业务的开展缺乏相应的指导依据,各项决策活动的执行力度较差,经济制度的不健全与不完善制约了企业的经营发展与规模扩大。

(四)企业的员工队伍管理存在较多问题

人力资源管理问题作为企业经营管理的重要内容,也是企业经营业务活动开展的必要环节。但是现阶段我国部分企业在经济管理过程中,只是侧重于用人的管理,却忽视了对于人才的选择以及人才的培育,而且也没有健全完善的人才管理激励与绩效考核制度,导致员工对于企业缺乏归属感,员工的流动性较大,这对于企业的长远发展是十分不利的。

六、企业经济管理创新策略研究

(一)创新企业经济管理理念,优化企业的经济管理体系建设

新时期企业创新经济管理体系,首先要在思想上、在企业的经营管理理念上进行创新,企业应该立足于自身长远发展概况,树立国际化发展的战略经营理念,对企业经济管理责任体系的制定既要符合企业当前经济形势,同

时也要综合分析国家、世界经济大环境的发展要求。其次，在企业经营理念上应该尽可能地树立多元化的经营理念，在突出特色以及专业经营项目重点的同时，进行多元化的发展，以降低企业经营风险问题。此外，在经营管理理念上还应该具有风险管理意识，将风险控制管理作为管理理念的重要内容，提高对于风险的分析、预警以及防范控制能力。对于新时期企业的经济管理体系，应该按照设立目标、规章建制以及强化落实的步骤来具体付诸实施。第一，对于经济管理目标的制定，应该分别制定企业的短期、中期以及长远发展目标，并将不同阶段的目标进行量化分解，通过经济管理责任制度的方式，将经济管理目标分别落实到企业不同的生产经营职能部门，进而建立企业的经济管理责任体系框架，以责任制度管理的方式开展企业的经济管理工作。第二，根据这些目标完善企业的经济管理制度的制定，采取制度管理的方式将企业的经济管理制度措施具体落实到不同的职能部门。第三，在企业经营管理过程中还应该针对达标情况以及制度落实情况进行跟踪检查，确保企业的各项制度以及目标管理开展顺利。

（二）深刻把握企业经济管理的内涵和基本内容

能够深刻把握企业经济管理的内涵是影响到企业经济管理质量和效益的重要因素之一。因此，要想做好企业的经济管理创新首先应该深刻理解和全面把握企业经济管理的内涵和企业经济管理的基本内容。我们应该以观念的创新、思路的转变和方式的创新作为企业经济管理创新的手段和方法，在企业内部切实贯彻和落实经济管理的基本理念和各项决策。就目前情况下我国企业经济管理的状况而言，很多经济管理阻力仍然是由于对其内涵的错误理解造成的，仍然归根于对于企业经济管理理念和内容的错误认识。很多企业的领导人没有对企业进行经济管理的观念；缺乏对于相关理论知识的理解，没有将企业经济管理提到应有高度。但是，企业经济管理的缺乏严重阻碍了企业的潜在竞争力和发展力。

因此，我们认为企业实行经济管理首先应该实现观念的创新和转变。同时，我们应该根据企业的实际情况以全新的视角、科学的管理方法与多元化的思维模式来指导企业的经济管理改革创新之路，在不断创新的过程中适当调整，不断地提升企业的内在竞争力。

（三）创新企业的治理结构

对于企业的治理结构，为了提高企业制度措施的落实力度以及信息传递效率，应该尽可能地将传统的金字塔式的管理结构向扁平化的管理结构形式转变，以强化企业的执行力与信息反馈效率。在具体执行上，可以采取以下几方面的措施：首先对企业传统的垂直多层结构体系进行拆解，按照不同的业务内容以及职能进行必要的统筹合并，通过这种方式减少管理体系的整体层次，增加中间层的结构，拓展企业的整体管理幅度，建立具有扁平化明显的组织结构。其次，注意对企业的经营管理组织结构进行柔性化的塑造，通过设置必要的临时性或者是业务性的组织结构，增加企业管理架构的灵活性以及多样性，提高对于外部环境的适应能力。再次，结合企业经营发展目标以及企业业务活动的变化对组织结构进行动态的调整，确保组织构架能够服务于企业的战略发展规划。通过这几项措施，对企业的整体治理结构进行创新，确保企业框架结构的精简高效。

（四）优化企业的人力资源管理模式

人力资源对于企业的经营发展具有至关重要的决定性作用，因此对企业的经济管理创新必须对人力资源管理模式进行优化，这也是企业实现长远发展的基本要求。首先，企业应该完善人力资源的配置管理模式，通过对企业职能部门以及具体岗位的深入详细调查，明确不同职能部门对于人力资源的具体需求，确保人力资源配置整体的合理科学。其次，企业应该注重对于人才的选聘以及培养，严把进人关，同时对企业内部职工定期开展职业技能培训以及职业道德培训，提升企业员工的整体素养水平，尽可能打造一专多能的职工队伍。再次，企业应该注意自身文化理念的建设，通过对企业的精神文化体系进行建设，配合企业各种福利以及保障制度，增加企业职工对于企业的认同感与归属感，减少人才流失问题的发生，为企业的发展提供源源不断的推动力。

（五）强化企业管理信息化体系的建设

随着信息化技术以及网络技术的不断发展，企业经济管理也逐步步入到了信息化、自动化的阶段，因此对于企业经济管理的创新，应该将信息化建设作为一项重要的内容，重点通过信息化办公实现企业业务活动开展中各项信息的收集整理、分析、执行的高效化，进而为企业的经营管理以及项目投资提供准确、及时的信息数据支持，提高企业的管理效率，推动知识经济时代企业的不断发展。

（六）创新内部控制方式

企业经济管理的重点就是在竞争激烈的环境中为企业营造良好工作氛围，这种工作氛围针对企业内部管理来说，首先就要对其内部进行控制方式上的创新。因为，只有将企业自身内部管理到位，才能为市场环境的竞争提供保障，即企业经济管理离不开企业内部创新控制方式。企业运营过程中，不仅仅只是单纯地对财务进行管理，随着市场环境的不断变化，企业要想更好的发展，就应该在内部控制体系中将财务控制作为出发点。并且，还应该包含其他方面的管理。企业的内部控制可以为企业经济管理提供强有力的制度保障。

在这种全新的经济背景下，企业只有不断对其内部控制进行创新，针对各种经济性的活动实施全面监控，才能建立起全套的经济管理制度，为经济管理创新奠定基础。总而言之，新背景下企业经济管理的创新策略还有很多，这就需要在以后的工作过程中相关人员可以不断对其进行研究，从而借助更多创新策略促进企业经济管理，进而实现市场竞争目标。当然，创新策略并不能盲目性地选择，需要根据自身实际情况，只有这样才能有针对性地促进企业自身经济管理创新，赢来更多的经济效益。

（七）加大企业经济管理的科学技术含量，实现企业经济管理的现代化、信息化和科学化

现代企业的发展面临着信息化和科技化程度不断提高的趋势，企业的经济管理也应该顺应这种经济模式，加大管理的科学技术含量，实现管理的现代化、信息化和科学化。企业应该加大科技投入与创新，争取自主开发科技软件作为经济管理的重要技术支撑，加快企业内部经济管理的信息化和网络化建设，将企业的经济信息安全放在重要位置。最大限度地利用各种现代化和科学化的手段保护企业信息资源，敏锐察觉企业所面临的经济风险，全面提高财务信息的管理能力，为管理者决策的科学性和准确性提供可靠依据和重要支撑，最大限度地保证企业避免财务危机，保证企业经济信息全面可靠，增强企业在市场竞争中的巨大潜力和竞争力。

（八）加强企业经济管理创新人才的培养

企业竞争归根到底是人才的竞争，企业经济管理创新必不可少的主体也是人才，企业应该加强对于经济管理创新相关人才的培养与引进。因此，企业要充分认识到人才的重要性，通过各种途径不断引进相关人才，加大对于现有人才的培养力度，争取建立一支具有较高专业素养的人才队伍，以做好本企业的经济管理。另外，现代化的企业应该坚持以人为本的理念，将人才作为企业发展的重要支撑力量，探索与企业自身实际相结合并且对提高企业自身发展潜力有充分保证的人才管理方法和策略，切实加强对企业员工的专业素质培训和职业道德教育，保证员工的工作水准和道德水准适合企业经济管理的要求。另外，我们还应该认识到企业正处于信息化发展的进程中，企业经济管理应该采取信息化和知识化相结合的方式，全面提高信息化程度，提高企业经济管理的质量和效益。

第三节 现代企业经济管理创新内容及方法分析

随着市场经济形势的变化，对于企业的发展来说要进行必要的革新，在企业的运行过程中，经济管理占据着中重要的位置，在企业的运转中发挥着重要的功能。以前的经济管理模式已经无法适应快速发展的社会需求，企业要想在竞争激烈的市场中获取自己的一席之地，就必须在管理体制方面有所创新，进行内部控制和外部发展相结合的方法，在管理观念方面有所更新，符合现代社会的发展方向，那么本节就论述一下现代企业在经济管理创新方面的内容以及方法。

一、现代企业经济管理的特征

1.企业中的经济管理是一门比较复杂的工作项目，本身具有一定的综合性和专业性，在开展工作时的主要形式就是利用价值原理来对企业中的经济事务进行管理，提高企业的效益和管理质量。和企业中其他的管理项目不一样，经济管理在工作时必须是以价值的形式为主要基础，在企业的现有客观条件以及经营的过程和结果上，利用科学的管理方法进行合理的规划，使企业在发展中可以获取较大的效益，尽量达到预期中的目标。

2.企业在进行经济管理的过程中，将企业在运转中的各种状况经过科学的计算，通过数据的形式表现出来，形成表格或者是数据报告，这样企业的领导层在进行重大决策的时候，就可以通过这些数据的分析来对企业的现状和未来的发展趋势有所掌握，从而做出正确的有价值的判断。随着国内和国际经济形势的转变，企业在进行经济管理的时候，相应的模式和目标都会发生改变，这样才能够和时代相协调，和经济发展趋势相统一，才能够有利于企业的发展，在竞争激烈的市场中才能发挥得更稳定。

3.一个企业中所进行的经济管理活动是贯穿于企业发展始终的，从开始的生产加工、经营管理到后期的售后服务等都发挥了重要的作用，在现阶段的企业管理中，所有一切和资金有关的活动都和经济管理工作有关系。以目前国内企业中的经济管理模式来看，经济管理工作的覆盖范围非常广泛，企业中凡是和经济有关联的活动，都在经济管理工作的范畴之内。

二、企业经济管理工作创新的重要意义

随着我国改革开放事业的持续发展，我国市场经济体系逐步完善，当前，我国很多企业面临着较大的竞争压力，一些企业的经营管理模式缺乏科学性，没有完善的内部控制制度，还有的企业工作成员更换频繁，没有完善的制度保障工作人员的权益，一些企业的领导人和决策机构思想观念较为保守，对新兴事物并不敏感，这些都成为制约企业健康发展的重要原因，因此，提升企业经济管理工作水平，节约企业资金成本是当前我国很多企业重点关注的问题。随着人类科技水平的不断进步，许多高科技技术深远地影响了人们的生活，企业只有加大对高科技技术的引进力度，改良企业信息化管理模式，才能适应科技迅速发展为市场带来的新变化，保证企业的顺利发展。另外，经济全球化已经成为对各个企业影响深远的问题，我国经济社会发展时间较短，发展经验和技术能力在国际上较为滞后，如果经济管理工作质量不高，我国企业将在国际上彻底失去竞争力，因此，我国企业应该认识到经济全球化对企业带来了重要机遇和巨大挑战，提高对经济管理方法创新的重视，将高水平的经济管理工作作为提升企业国际竞争力的重要方式，使企业获得更好的发展。

三、企业经济管理创新的内容

（一）企业技术的创新

企业的发展离不开技术创新，在技术创新中有新发明和创造，那么这些技术创新的研究过程以及实际的应用过程都是经济管理的内容，其中还包括将这些成果转化成实际的生产力的过程，并且将这种技术创新推广到市场中都是经济管理创新的内容。

企业的领导人和决策机构必须认识到，完善的经济管理创新，必须依靠技术创新，只有企业能够根据发展的需要研制出具备一定科技含量的制品，企业才能够获得市场竞争力，保证企业的健康稳定发展。因此，企业要将技术研发机构的工作，作为经济管理工作的重要部分，不仅要采取科学有效的方法节约企业技术研发资金成本，保证及时资金供给，还要采取科学的方法将企业研发出的最新技术尽快投入到生产工作当中并获得经济收益，使企业真正获得充足的市场竞争力。

（二）企业制度的创新

制度创新是指引入新的制度（组织的结构与运行规范）安排，大的如整个国家的经济体制，小的如具体企业的组织形态、运行机制。制度创新实质

上也归结为管理问题。众所周知，我国改革已经开始了攻坚阶段——产权革命，把新的关于产权的制度安排引进经济和企业。在理论与实践上突破原来的固守"所有权"的局限，熟悉产权是权利，是从出资者的所有权派生出来的各种行为权利的总和；它不只限于生产资源，而泛指人们排他性地拥有的一切使自己或他人受到权益的权利；产权是可分的，各种权利可以互相分离，而且同一财产的产权又可以分为若干份额。这样，产权的交易、产权的流动就真正使市场发挥资源配置的基础作用，从而使经济蓬勃发展、兴旺繁荣。同时，作为市场主体的企业经历经营机制的创新，成为自主经营、自负盈亏、自我发展、自我约束的真正的独立经营者，成为构建市场经济的合格的微观基础。

我国企业的领导人要注重最新制度的引进，新制度主要指企业的经营管理制度，无论是企业日常组织活动所依靠的基本制度，还是根据国家最新经济政策而制定的企业发展所要秉承的制度，都属于企业经营管理制度。随着我国市场经济改革的不断深入，我国很多企业都不能再像以往那样拥有固定的利益，企业必须面临优胜劣汰的市场竞争，不可能享有竞争方面的特权，因此，企业必须根据我国经济发展的现状，创新企业经营管理制度，使企业的制度更加适合当前我国经济发展的需要，使企业获得更加广阔的发展空间，创造更高的经济效益。

（三）企业组织的创新

经济组织与社会组织都必须随着形势的变化而创新。在以往的管理理论中往往把企业视为生产函数，从而把组织创新看作是技术创新。其实，这种只是说明技术创新对组织活动所作的要求，而不是组织创新本身。我们把研究的目光集中到组织本身则可以这样来看待组织创新：是指组织规制交易的方式、手段或程序的变化。这种变化可分为两类：一类是不改变原有规则结构的性质前提下的组织度量式创新；再一类是根本改变规制结构的彻底性创新。

（四）企业文化的创新

企业文化是现代管理重要资源，反映企业的经营理念与向上精神，对统一员工思想，规范员工行为、指导市场竞争等都具有重要的作用，企业文化创新，就是要在不断发展与变化的市场环境中，将富有时代感的优秀元素注入到企业文化中来，特别是要注重企业在市场竞争与发展中的好的做法、好的理念和企业各方面具有创新精神的举措，从而结合企业与时代两方面的优势，构建良好的企业发展环境，凝聚人心，为企业的进一步发展奠定基础。市场经济要想成熟，就必然需要深厚的文化内涵，文化的基础不牢固，企业的发展也就不具有可持续性。一个企业的文化能够引领全体员工，团结一致，为了企业的目标而努力共享，最终促进企业的发展。要在企业文化的引领下，培养员工自强不息、坚韧不拔的精神，不断丰富企业文化，并使员工在实践企业文化的过程中，勇担重任，成就自己的理想，实现个人与企业的共同成长。

（五）企业管理机制的创新

企业管理机制的创新是指改变原有的员工管理方式，提高企业员工素质，以实现节约经济成本，提高经济效益的目的。首先，企业的领导人和管理机构要加强对新时期新型管理机制的学习，企业要组建专业学习交流团队，前往发展状况良好的大型企业，学习最新管理经验，要深刻认识到我国经济社会的快速发展对人们思想观念带来的改变，从而以创新的思维对企业原有管理机制进行革新，要邀请经验丰富的企业管理工作者对企业管理机构的工作人员进行专业技能培训，使每一位企业管理者充分学习到科学的管理技能。要对企业管理机构工作人员的专业技能和专业技能学习情况进行考察，对能够按要求完成学习工作并通过新型管理技能提升了企业管理水平的工作人员要进行必要的物质奖励和精神奖励，使其再接再厉，继续加强新型企业管理技能的学习，为企业的教育活动起到模范作用，对没有严格按照企业要求进行管理技能学习或管理工作效率低下的工作人员，要进行必要的经济惩戒，使其加强对学习活动的重视，切实认识到创新管理机制对企业发展的重要意义，从而加快转变企业管理方式，提升管理效率，为企业管理机制的转型做出更大贡献。

管理创新的目标是通过改变组织中人员的行为来提高组织的绩效。在以人为中心的组织创新方式中管理人员首先致力于改变人员的态度，使人员行为修正，从而提高工作绩效。在以组织自身为中心的组织创新方式中主要是通过管理人员修正组织机构、改变技术、增强沟通、改变奖励办法、改善工作环境等来改变人员的行为。

（六）企业市场的创新

进行企业管理创新，最终需要落实到企业市场创新上来，只有市场反应才是检验企业管理创新成果的唯一标准，企业要根据市场现状，分析全球化时代市场的走向与消费者需求趋势，坚持以市场为导向，坚持客户至上，进而为企业的市场开拓与市场维护提供明确指导意见与创新性市场解决方案，以提升企业的市场开拓能力，为企业赢得消费者，做到行业领先、国际一流。

四、企业经济管理工作创新的方式

（一）提高企业对经济管理工作的控制能力

财务管理工作是企业经济管理工作的重要组成部分，企业应该探索新的财务管理模式，例如，可以考虑将预算作为财务管理工作的核心，以便对企业经营发展的全部过程实施有效的监督管控，随时对企业经营发展过程中的问题进行更正，以便企业完善财务管理机制。企业要将企业全部工作流程纳入财务管理范围内，以便对企业各个领域实施全方位的经济管理，使企业的全部员工有机会了解到经济管理工作的具体情况，并积极主动地参与到经济管理工作当中，促进企业的更好发展。

（二）开展教育活动，转变思想观念

企业要对经济管理工作人员开展专题教育，使每一位经济管理工作人员切实转变思想观念，改变自己的工作方式。企业要为每一位经济管理工作人员提供创新机会，定期组织经济管理工作人员前往其他企业于同行进行经验交流，使每一位工作人员了解到其他企业工作人员的经济管理经验，以便丰富自己的阅历，增长自己的创新经验。在教育活动中，企业要将战略创新的概念对经济管理工作人员进行讲述，战略创新需要企业的经济管理工作人员具备充分的全局意识，在经济管理工作中，要将提升企业竞争力作为工作的重点，使企业在激烈的市场竞争中占据主动地位。

（三）完善企业经济管理制度

企业经济管理工作的创新必须首先加强对制度的创新，完善的经济管理制度，是经济管理工作创新的基础，企业经济管制制度的创新工作的重点是使企业能够科学地进行企业资源整合，要使企业的运行机制更加高效，工作人员的工作积极性和工作责任感大幅度提高，还要为企业的工作人员提供良好的创新机会，使每一位工作人员积极主动地参与到创新活动当中，为企业赢得更高的竞争力。企业要加快完善经济管理工作监督机制，鼓励每一位企业员工参与到经济管理监督工作当中，赋予每一位企业员工监督的权力，并及时完善举报制度，让企业员工在日常工作中对经济管理机构工作人员的工作进行全程监督，使每一位经济管理人员认真对待工作，避免经济管理失误而出现的资金损失。要采取人性化手段对经济管理制度进行改良，经济管理制度不能仅仅为提高企业经济管理水平起到作用，也要为企业经济管理机构的工作人员提供方便，使每一位经济管理工作人员能够轻松愉悦地进行每一项工作，确保工作人员的身心健康。企业还要根据企业的发展现状随时变更企业经济管理制度，不能建立了较为完善的经济管理制度之后就忽视了对经济管理制度的再创新，要不断完善企业的经济管理制度使其能够适应企业发展的新情况。

第四节 企业创新管理在企业发展中的作用及意义

管理是现代企业永恒的主题，管理的科学与否与创新的发展息息相关并决定着企业发展的成败。管理应该是建立在现代企业制度的基础上，以提高市场竞争力为企业管理的核心并不断进行管理创新。管理创新就是要在建立和完善扎实的管理基础工作，加强实物资源和有形资产管理的同时，不断采用适应市场需求的新的管理方式和管理方法，以人为本，重点加强知识资产管理、机遇管理和企业战略管理，有效运用企业资源，把管理创新和技术创新和制度创新有机结合起来，形成完善的动力机制、激励机制和制约机制，不断提高产品的技术含量，为企业创造良好效益。

一、我国企业管理创新现状

企业管理水平直接决定着企业的效率，加强管理、提高企业管理现代化水平是企业生存和发展永恒的主题。改革开放以后，我国企业开始探索有中国特色的、符合市场经济要求的社会主义现代化企业管理体系，积极推进企业管理创新，取得了较大的效果。然而与国外企业管理的发展状况相比，我国企业管理创新能力、水平还有较大差距。因此，分析我国国有企业管理的现状和存在的问题，从而指出我国企业管理进一步发展和创新的方向，无疑对我国企业管理现代化水平的提高、提升企业国际竞争力、促进中国经济发展具有特别重要的意义。我国企业管理创新的基本现状主要表现在以下几个方面：

1. 我国企业的总体管理水平有了大幅度提高，但与国外先进管理水平还有较大的差距，我国企业管理整体上还处于较低水平。中国国有企业正积极探索适合中国国情的企业管理模式，追求企业系统的整体优化管理。大型企业管理水平提高比较明显，涌现出了一批积极参与市场竞争、管理水平和综合素质较高、业绩突出的企业。但是，仍有不少企业的管理粗放，纪律松懈，产品质量下降，物质消耗上升，亏损增加。企业管理水平呈两极分化趋势。

2. 从组织管理角度看，企业管理组织形式呈现多元化发展趋势，但组织管理总体水平相对滞后。企业已经能够根据自身条件和所处环境选择不同的组织结构形式，虽然集权型的直线职能制还占主导地位，但仍有一些企业采用了事业部制、矩阵制、多维立体制等新型组织形式，管理组织形式已呈现多元化趋势。然而中国国有企业组织管理总体水平还相对滞后，企业在面临剧变的环境下在组织的创新、转型等方面也与发达国家存在很大的差距。只有少数企业建立了学习型组织、实施作业流程重组等组织创新方式。

3.在人力资源管理方面，适应市场经济的用工制度、激励制度正逐渐形成，人本管理、企业文化等管理思想逐渐被国有企业接受和重视，但与市场经济相适应的国有企业人力资源管理模式还有待进一步探索。还没有建立起既适合中国文化背景和基本国情，又与市场经济体制相适应的人力资源模式。

4.大多数企业的内部财务管理和生产管理得到一定重视，但仍存在一些问题。国有企业财务管理存在会计信息失真、财务滥收乱支、财务监控不力等问题，造成国有资产流失。生产管理仍未摆脱旧的管理模式，普遍存在机构臃肿、管理效率低下、对内信息沟通迟缓、对外无规范的业务往来和密切的协作、适应市场变化能力差等一系列问题。

国有企业管理创新的现状说明，中国国有企业管理创新只处于认识市场和适应市场的初级阶段，现代化水平还比较低。国有企业管理创新虽然取得了一些成果，但与国外企业相比，仍有一定的差距，而缩小差距的途径就是通过管理，建立健全企业管理创新体系。

二、企业管理创新系统与企业管理创新

（一）企业管理创新系统的特征

企业管理创新系统的特征主要有整体性、动态性、开放性、层次性几个方面。

1.整体性

企业创新系统的创新和发展过程，是整体系统作用的结果。系统中某一项技术和制度的创新，不仅使创新者本身受益，还能通过企业内部或企业之间的模仿或学习等方式在系统中迅速扩散，促进技术和制度的创新与发展。

2.开放性

企业创新系统是由企业内外部各个行为主体的相互作用、相互协作而构建的。同时，各个行为主体还会寻找更多的合作伙伴，不断扩大外部的创新网络，并通过劳动力、技术和资金等生产要素的流动和交换，获得远距离的知识和互补性的资源、资产，并不断开拓新的市场。从某种程度上说，企业的创新，越来越依赖于企业与外部交流。

3.层次性

所谓层次性指的是由企业创新个体构成的结构关系。创新个体及其相互

关系对整个创新系统起着基础性的作用。如计算机技术的创新是管理信息系统技术出现的前提。

4.动态性

由于企业发展的外部技术或市场环境具有不确定性和不可预测性的特点，企业创新系统必须适时变化，不断地维护和更新系统的连接，从而可以保持系统的活力及其外部适应能力。

（二）企业管理创新

1.企业创新管理的关键应该是如何促使企业运行在创新空间，如何更有效地在创新空间中突现创新的结果。一般来说，企业到达其创新空间的途径主要有两种，一种是通过部分组织成员的引导，另一种是通过所有组织成员的广泛参与。

2.创新管理的重点是营造一种理想的工作氛围，而不是从事目标管理。创新管理的重点应该放在怎样才能营造一个相对自由宽松的创新环境，使行为主体能够更有效地相互作用。创新管理也需要战略计划，但这时战略计划的重点是营造一个容易产生创新结果的感情氛围。

3.创新管理需要激发企业运行中的差异性，而不是追求企业运行的稳定性和一致性。创新管理不应该追求企业运行的稳定性，因为追求稳定性可能会扼杀企业的创新能力。相反，创新管理要在维系企业存在的条件下，设法激发企业成员思维和行为方式的多样性和差异性，要促使企业行为主体的影子系统保持活力，要鼓励企业成员敢于打破常规，敢于向传统和保守势力发出挑战。

4.创新管理需要企业具有良好的动态管理机制。创新意味着破旧立新，它必然会带来焦虑，创新过程中也必然伴随着大量的差异、矛盾和不平衡。因此，如何有效地抑制创新所带来的焦虑，怎样处理不确定条件下企业的管理问题，这些都需要企业具有良好的动态管理机制，在动态中不断地改善和促进企业组织的学习，不断地引发和诱导企业成员的创新意识，为企业实际创新行为的发生准备所需的资源、能量和活力。

三、中国企业管理创新的重点和途径

（一）中国企业管理创新的四项重点

1.积极推进中国企业管理思想的创新

各种管理组织、制度和管理行为都不过是管理者思想的外在表现。因此，要大力在国有企业内部倡导管理观念的转变，通过培训教育或引入新的管理人才，来开阔国有企业管理者的视野和思路，提高管理者的管理专业知识和能力，使管理创新有一个良好的思想认识基础。

2.积极推进中国企业的管理组织创新

在传统的企业内部，管理机构十分繁多，而且也不合理，非生产性组织（如党工团和后勤服务部门）占了企业相当多的编制和人员，同时，真正的生产管理和市场管理机构和人员在企业内部地位不高，编制限制也很紧；在市场经济的竞争中，就需要精简不必要的管理机构和人员，加强市场管理、生产管理和技术研究开发管理机构的力量。

3.要积极推进中国企业管理技术的创新与市场结合

随着企业的发展，市场规模的扩大，一方面企业内部管理日益复杂化，同时另一方面市场需求的快速变化和竞争形势的变化又要求管理者提高反应速度。要解决这两者间的冲突和矛盾，只有积极引进先进的管理技术，尤其是动用现代信息技术来提高管理效率和质量。

4.要大力夯实中国企业内部基础管理，健全风险投资体制，为管理技术创新提供前提和保障基础

管理是企业发展的基础，只有搞好了基础管理，理顺了内部基本的生产协作关系，才可能进一步提高管理的层次和效率，否则，管理创新只会适得其反，使得企业更为混乱无序。夯实根基，奠定坚实的框架基础，局部扎实，整体牢固，企业内部垂直指挥灵活，反应快捷，横向联络畅通，协调有力，计划预算准确，财务精确。并积极投入硬件设施，树立良好的企业形象，树立员工队伍充满活力的精神风貌。

（二）管理创新的有效途径

1.培育卓越的中国企业创新文化

企业文化作为企业独特风格的一种载体，通常是融于企业的日常管理、运营之中的。在现代市场经济条件下，企业文化形成了企业根本性的竞争优势，是一种制敌无形的柔性武器。概括和提炼富有个性、特色的企业文化，培育与打造创新个性的企业精神，这是企业文化建设的核心和基石。

2.树立"以人为本"的核心管理观念

随着经济全球化，市场竞争中人的作用越来越重要，创新文化应充分注重每个人的积极性发挥。因此，企业文化要关注人的志趣，注重人的文化背景，尊重人的价值，满足员工物质和精神需要。

3.构建创新的制度文化、管理文化。科学地确定企业文化的内容，实现企业文化创新

企业文化不是管理方法，而是形成管理方法的理念；不是行为方式，而是导致行为方式的动因；不是企业中的人际关系，而是人际关系所反映出的

处世哲学；不是企业工作、服务的具体内容，而是对待工作、服务的具体态度。它既根植于企业的一切活动之中，又流溢于企业的一切活动之上。

4. 注重培养团队精神，最大限度地激发员工的积极性和创造性。

四、创造有利于中国企业成长和创新的环境

1. 对于自主创业型的民营企业家来说，环境建设的主要任务主要集中在法律环境、市场环境和融资环境的改善等方面。在市场环境建设方面，要保证市场的公开、公平和公正。在融资环境方面，给予民营企业家融资渠道和创新资金的支持，是当前促进民营企业家创新的关键。

2. 对非自主创新型的国有企业家来说，环境建设的关键任务是经营者的职业化和建立有效的国有企业企业家的激励机制，解决国有企业企业家职业角色和创新动力不足问题。建立国有企业企业家的有效的激励机制，是国有企业企业家健康成长需要解决的关键问题。从理论上说，调动经营者积极性的收入不仅要科学地确定基本薪酬，更重要的是解决好与企业经营业绩直接相关的风险收入部分，实现经营者收入与业绩挂钩。

五、管理创新在中国企业发展中的重要意义

管理创新是中国企业实现效益增长的重要法宝。企业效益状况与企业管理水平有着千丝万缕的联系，审视中国各企业，其亏损、破产、低效的根源，固然有着体制的弊病，但管理落后也是重要原因。通过管理创新，着力解决企业管理中存在的观念不新、机制不活、手段不力等问题，使公司企业的效益增长获得观念支持和机制保障。

管理创新是企业实现持续发展的不竭动力。现代企业管理的一项基本职能就是创新，创新是知识经济的本质特征，也是企业生存和持续发展的灵魂。美国企业的创新精神就非常值得我们借鉴。企业应当推崇管理创新，把"不创新，就死亡"的理念深入每个员工心中。通过实施管理创新，加速企业新陈代谢，促进企业持续成长，使企业永葆蓬勃生机，在国际激烈的竞争中立于不败之地。

六、管理创新与企业持续发展

（一）管理创新的作用

在美国《财富》杂志评选出来的世界五百强的企业中，所有的成功企业均具备严格的管理创新机制。可以说，现代经济增长的重要源泉就是管理创新，管理创新决定着企业兴衰成败。

1. 管理创新提升企业核心竞争力

当前，市场经济日趋全球化，创新能力的竞争是企业间竞争的要素。企业必须不断创新，才能持续发展，假如企业在管理中存在陈旧模式和思想，就会使其在激烈竞争中被掣肘。因此，紧跟市场的竞争要求，充分考虑企业实际不断创新，才能提高企业市场竞争能力，确保企业立于不败之地。

2. 管理创新协助企业参与市场竞争

企业通过管理，使自身的人力资源、物资资源进行有效的配置，从而实现组织目标。管理创新是诸多创新环节中最积极、最活跃的环节，是企业参与市场竞争最有效的手段。

3. 管理创新协助企业持续发展

企业成长的前提是管理创新，企业不断发展壮大有赖于内部创新力的支撑。成功企业的发展中普遍存在的规律就是创新。管理创新是企业生命力的表现。

（二）管理创新的意义

管理创新对企业的独特意义在于：

1. 管理创新可以产生效益

人的创造性思维引发了管理创新，企业体制落后，缺乏活力是中国企业缺乏竞争力的主要症结。影响企业竞争力的关键因素是低效的管理体制以及粗放的管理，管理创新则有效提高企业的竞争力，产生效益。

2. 管理创新可以提高效益

企业有限资源的配置效率会由于管理创新而得到更有效地配置。使企业资源消耗系数减小，资金周转速度加快，经济效益指标有良好表现。管理创新不但可以提高企业当前的效益，还能提高企业未来的效益。

3. 降低企业交易成本

将企业之外的一些营业活动纳入到企业内部，使企业的交易费用得到大幅下降，可以表现在由于对各部门的管理实现了整合，而使企业交易成本也得到降低。

4. 管理创新可以推动企业发展

企业稳定与发展的重要因素是企业管理的有序化。管理创新能够给企业提供更高效的管理方式、方法。

（三）管理创新保证企业持续发展

企业以实现利润最大化为前提，企业生产经营活动有序运行的重要保证就是高效的管理。

1. 信息时代的主要特征是知识管理

知识在信息社会起着巨大的功用，知识的创新为经济的发展和增长提供动力。知识将其他生产要素转化为新产品、新工艺，知识结合技术使产品的附加值得到提升，减轻资金紧缺所造成的压力。因此可以说，信息时代的重要特征就是知识管理。

2. 知识网络化管理需要管理创新

信息时代的管理模式要求知识网络化管理，通过知识联网来共同创造财富。为了能够顺利地从传统管理跨越到知识网络化管理，企业必须进行管理创新。

3. 管理创新为信息化背景下企业持续发展提供了保证

管理的复杂性和不确定性是信息时代的企业所面临的主要问题。原有的管理理念随着经济与技术的发展已经难以满足企业的需求。企业发展只能有赖于创新管理模式。因此，管理创新是企业持续发展的根本保证。

"面对变化，只有创新。谁继承以往的做事方式，注定会带来灾难乃至死亡。"作为创新的一个重要方面，管理创新在创新理论中占有重要地位，也在企业的发展中具有重要的指导意义。如马克思所说："人们在自己生活的社会生产中发生一定的、必然的、不以他们的意志为转移的关系，即同他们的物质生产力的一定阶段相适应的生产关系。这些生产关系的总和构成社会的经济结构，即有法律的和政治的上层建筑竖立其上并有一定的社会意识形式与之相适应的现实基础。"只有把握管理创新的本质，才能使企业的核心竞争力得到提升，为社会创造更多的财富。

第五节 现代企业经济管理体系的创新

市场经济的本质就是竞争，如何在日益激烈的市场竞争中脱颖而出，是每一位企业管理者时时刻刻都要思索的问题。随着我国社会经济体制改革的进程不断推进，企业的经营环境在发生着根本性的变化，面对复杂多变的经营环境，企业必须要积极构建经济管理体系，以不变应万变，才能提高自身的管理水平、决策水平，提高自己的核心竞争力，从而获得更多经济效益。

一、企业构建经济管理体系的概述

企业经营者管理企业的模式、方法、方式，构成了经济管理体系的主要内容。一个企业的经济管理体系，代表着这个企业高层管理者的决策机制，其代表者则是由最高管理层所委派的，并且赋予了一定的职责与权限，以保证经济管理体系能够得以持续不断地巩固、更新与完善。企业管理层主要通过制定经济管理方案、措施以及发展战略规划，对企业的经济管理进行评估，以保证经济管理体系能够符合企业自身的发展。

现代企业实行的是所有权与管理权相分离的方式，企业所有者为了检验企业经济管理的效果，对管理成果进行评估是非常必要的。而企业管理者也必须实时把握反映企业经营水平的诸多指标系统，一方面实现企业的健康平稳发展，另一方面有利于将管理水平反映给企业相关利益人，为他们的决策提供客观的参考资料。这些指标系统主要包括：产品研发系统、产品生产经营系统、企业经济管理体系更新与创新系统以及企业组织系统等。

21世纪最重要的是人才，企业员工作为企业运行的直接参与者，他们是企业实现可持续发展，提高核心竞争力的原动力。而人力资源也成为现代企业发展的第一资源，一个成功的企业，必然需要对企业的人力资源进行科学的管理，为员工提供成长空间的同时，实际上也是为企业的发展提供成长的空间，企业经济管理体系的构建必须要重视对人力资源的管理。

二、现代企业的经济管理基本概况

（一）企业经济管理体系的组织机构协调及其评审

企业的管理者对企业管理的模式和方式组成了企业的经济管理体系。企业经济管理体系代表一般由企业的最高管理者指定，并被授予相关的职责和权限，以确保经济管理体系得到完善的建立、实施以及保持。企业的相关管理层则通过制定实时的经济管理方案和经济发展目标，并对经济管理进行评审，确保企业的经济管理体系得到相应的建设。

（二）企业的内部控制和审核

为了验证企业经济管理的成效，对经济管理进行评审是至关重要的。企业的管理者应该定期对包括经营目标系统、产品研究和开发系统、企业组织系统、产品生产经营系统、企业财政支持系统、经济管理体系的改进和创新系统等在内的经济管理体系进行全面的评审，以期实现对其有效的控制，以确保企业能适宜、充分、有效地持续发展。

（三）企业人力资源管理和优化

作为企业运行中的实际操作者，公司员工是企业获取可持续发展、赢得竞争优势的最直接参与者。一个对人力资源进行了科学管理和合理开发的企业，必将重视对企业技术员工进行技能培训和经验交流，对相关经济管理工作人员进行能力考核和继续教育。

（四）企业的生产过程的管理和改进

企业最主要的部分是生产过程，要实现现代的企业经济管理，就要对企业的生产过程实施持续的改进。一方面，企业的采购活动一定要符合经济管理的要求。物资的采购不仅要确保质量还要实现利益的最大化，实行招标制度时一定要对招标企业在信用评价、经营状况、运输手段等方面的资质进行严格的审核，交货确认时要注意计量的准确性，维护正当权益。另一方面，企业的生产一定要有实施方案和预期目标，对生产过程中计划的变更和修改要慎重。并采取相关措施防止出现不科学的生产程序，不合格的产品等。

三、现代企业经济管理体系模式现状

要探究现代企业经济管理体系模式，必须要从经济管理体系现状中进行分析，从中发现问题才能给出合理的建议。

（一）缺乏相应的管理人才

纵观现代企业之中，许多企业根本不重视管理人才，片面地认为管理不过是随便找一个人看住生产工人就行，有和没有几乎是等效的。在实际之中，很多企业还让一个管理者身兼多职，这样的做法确实能够降低劳动成本的费用，但是这种管理却达不到管理的真正目标。不能够激发员工工作激情与斗志，势必影响到整个生产，降低了企业的经济效益。这种现象在一些中小型企业表现尤为突出。

（二）缺乏现代化的管理理念和模式

现在很多企业经济管理上不但模式比较落后，就是理念上也还缺乏现代化观念。无论是理念还是模式上都不能够与时俱进，都和现代化企业经济管理体系不匹配。很多企业领导片面地认为，所谓的经济就是钱，根本没有真正意识到经济总量，往往他们只是注重企业业务收入量，这种做法不但会增加成本，还有可能降低收入。有时候表现上提高看似乎提高了收入，但是最终收入却出现下降，甚至还亏损。

（三）融资较难

在市场经济体制下，竞争激烈导致很多企业发展上受到资金的阻碍，加之财务信息等都不完善，这些都会为银行等融资单位带来各种忧虑。因此，很多企业根本就不能够从债券市场以及股市、银行等地方直接融资，造成企业融资只能从金融机构去实现，无形中就提高了耗资成本。

（四）经济管理平台滞后

随着计算机网络技术迅猛发展，许多企业都进入到网络化管理和生产。因此各个企业都构建投标、项目预算、财务结算等方面软件管理，但是大都是各个企业独自经营自身的信息平台，没有一个统一发布平台，这就造成彼此之间的信息交流极为困难，导致系统信息出现了偏差，有时候会影响到经济管理上的决策。

四、加强企业经济管理体系构建的措施

（一）转变管理理念

理念的转变是完成体系构建，使事物发展得以顺利进行的重要基础。传统的经济管理理念已经无法适应社会发展的需要，而显现出了种种弊端。我们探讨加强企业经济管理体系的构建，首先要从管理理念入手。这方面，领导干部必须要做好带头作用，努力学习，补充经济管理体系构建的相关知识，然后自上而下，使整个企业的经营理念都能够得以更新。除此以外，企业领导还可以考虑将创新意识写入企业文化之中，对这方面有杰出表现的员工给予精神和物质方面的奖励，让每一位员工都能够懂得创新对于企业的长远发展是多么重要，并且鼓励广大员工结合实际，对工作流程、工作方式进行创新与改进。

（二）加强企业内部的资源管理

企业的经济效益与成本的投入与产出有直接关系，新经济形势下，企业的成本的组成变得非常复杂，它涉及到了对企业内部各种资源的管理，这也是构建经济管理体系的非常重要的一个环节。现代企业的资源管理包括了两大方面，即：物质资源与人力资源。在物质资源管理方面，企业要加大基础设施的投入，比如办公楼建设、生产设备建设、场地建设以及员工宿舍楼建设等等，这些都是企业必须要注意的问题；在人力资源管理方面，现代企业，人力资源已经成为企业的第一资源，这也是知识经济时代的一个重要标志，企业对于这方面的投入主要包括：人员的聘用、选拔、教育、考核等内容，企业这一过程中，必须寻找一套符合企业自身发展的人力资源管理体系，这样员工发挥出自我价值的同时，也为企业的发展提供了持续不断地动力。

（三）制定科学、严谨的经济目标

科学、严谨的经济目标是企业获得经济效益的重要保证。在企业在对经济目标进行周密的策划的过程中，必须要考虑于潜在的顾客需求，进行科学、严谨的市场调研，知道自身的产品符合哪一个细分市场，这些都是对企业经济目标进行计划时所必须要考虑的内容。同时，经济目的的实现还要有赖于合作双方的对彼此经济目标的调整，所以，企业在执行合同的过程中，有必要与合作方展开坦诚的交流，进而实现合同双方的双赢。

（四）利用先进技术，加强微观管理工作

1. 提高数据分析能力

经济管理其实是一个很抽象的东西，为了便于观察，我们就将部分指标进行量化，特别是目前以高精尖科技为载体的企业，更是充分利用好数据分析这一有利于工具，建立一套科学、系统的数据收集、整理、分析系统，来为经济管理的提供数据支持。

2. 加强经济过程的监管工作

加强这一环节工作，有利于我们及时找出适于企业发展的经济过程，并且采取积极、有效措施，对其进行筛选与排除。

3. 对计量、核算工具进行定期维护

这一环节能够保证这些工具发挥出其应有的作用，特别是一些财务管理软件，必须定期做好更新与维护，并对数据进行备份，防止丢失与损坏。

五、企业经济管理体系创新的必然性和紧迫性

我国企业的现状令人担忧。在经济发展过程中，粗放型的经济增长方式在我国还比较普遍，一些企业还存在管理较为落后、内部组织松散、人力资源流动性较大、企业观念落后、企业发展滞后等问题，这些都对企业的经济发展带来极大的压力，最大限度地减免企业的非必要成本，加大管理效率和经营收益，发展资源节约型和发展环境友好型企业，促使企业又快又好发展，已经成为我国众多企业的强烈愿望。同时，严峻的经济环境要求我们及时改变经济增长模式，走出一条安全、清洁、环保、可持续发展的经济增长之路。

知识经济时代的全面来临，以及经济全球化的深入发展给企业的发展带来了挑战。知识经济时代对信息化网络化的要求较高，企业必须从管理手段上加大信息技术投入、加快企业的信息传递与反馈速度、从本质上提高企业的经济管理效益才能增加企业的经济效益，获得更大的发展空间。经济全球化的深入则使企业的竞争面更大，竞争者更多，对企业的竞争方法和竞争理念都提出更高的要求，也正是因为全球化的深入，企业与整个社会、政府、其他相关行业等的关系也更加密切，企业只有通过改善经济增长方式、提高产品附加值等方法，才能在世界市场上获得更大的施展天地。

六、构建我国企业管理创新体系的基本途径

海尔管理创新的成功实践为我国企业提供了有益的启示。我国企业要想提高管理现代化水平，提升国际竞争力，必须构建基于中国优秀文化的、符合社会主义市场经济要求的中国特色的企业管理创新体系。

（一）我国企业管理的创新方向

我国企业管理创新的目标是形成具有当代先进水平的中国特色企业管理模式。分为以下几个部分：

1. 以人为本的价值导向是中国古代管理思想的精华，也是现代企业管理发展的最新动向。管理事物的核心在于掌握住人，也就是调节人际关系，管理人的行为，引导人的心理反应，以实现管理目的。因此，未来中国企业管理应以此作为管理活动的价值导向。

2. 以柔克刚的经营理念是中国企业面对今后国内外激烈市场竞争所必备的要素。面对国外强大的竞争对手，中国企业需要灵活应对，巧妙利用自身的优势与对手博弈。

3. 规范合理的管理制度，是指融"情、理、法"于一体的中国式管理制度。针对中国国情，管理制度应既具备合理性，又带有人情味，但还必须规范科学、有约束力。对人的管理应以教育性引导为主了，而以规范性、防范性管理为辅。

4. 有机弹性的组织机构，是指中国企业未来的组织机构应以有机和弹性为基本特征，具备生命力和伸缩力，强调组织的自我完善和发展。

5. 系统优化的管理方法手段是指未来的中国企业应采用一切先进的现代管理方法手段，并根据本企业的特点加以选择，进行系统优化，使企业资源的配置更加有效，更加合理。

6. 和谐一致的人际关系是指中国企业应努力创造一个和谐愉快、归属感强的企业内环境，树立良好的企业形象，建立优秀的企业文化，使员工真正感到企业是个大家庭。

7. 社会经济的可持续发展是当前和未来人们普遍关心的重大问题，而企业的可持续发展是社会经济可持续发展的基础。随着"环境经营"时代的到来，企业的环保工作已经成为企业的竞争力之一。因此加强绿色管理，保护环境应成为我国企业管理创新的重要内容。

（二）我国企业管理创新体系建设的重点和基本途径

我国企业进行适应社会主义市场经济要求的管理创新的必然途径，是在继承和发扬中华民族优秀的文化传统和管理精髓、学习吸收国外先进管理理念的基础上进行管理变革和创新。创新的重点是基于中国企业管理创新的特点，汲取国外管理创新的最新成果，进一步的巩固和推进现有管理创新成果，对现存管理创新中的薄弱环节进行改进。

1. 积极推进我国企业管理理念的创新

现代经营理念特别表现在由物本管理转向人本管理再转向智本管理；你

死我活的刚性竞争转向竞争与合作并存的柔性竞争；由重视有形资产转向更重视无形资产；由被动地适应环境转向主动地培养企业的核心竞争能力等。我们的企业必须不断更新观念，围绕现代经营理念进行创新，通过培训教育或引入新的管理人才，来开阔我国企业管理者的视野和思路，要广泛吸收新的管理信息，提高管理者的管理专业知识和能力，使管理创新有一个良好的思想认识基础。同时，进一步学习先进的管理理论，特别是学习西方的现代管理理论。借鉴其他企业的成功经验，包括国外的企业，以利进行企业管理思想上的创新。

2. 积极推进我国企业的管理组织创新

针对企业组织结构设计上和组织创新比较落后，企业组织结构形式选择和设计单一的现状，我国的企业必须加大有关组织创新理论、方法的应用，根据市场需求的特点和生产的要求合理设计管理组织。

3. 积极推进我国企业的管理技术创新

随着企业的发展，市场规模的扩大，一方面企业内部管理日益复杂化，同时另一方面市场需求的快速变化和竞争形势的变化又要求管理者提高反应速度。要解决这两者间的冲突和矛盾，只有积极引进先进的管理技术，尤其是动用现代信息技术来提高管理的效率和质量。

4. 积极推进业务流程创新

企业管理创新过程中需要根据经营战略，对管理规范和业务流程进行调整和动态更新，使企业从采购、研发、生产、销售、财务、以及后勤保障等各个环节，都建立起合理的规范和工作流程，在整体上适应市场竞争的要求，并用书面描述予以明确和严格实施。将企业由过去的职能导向型转变为流程导向型。从现在起，对企业的组织建设、员工激励机制、企业管理、企业文化、新产品开发等流程进行再造。从根本上改革我国企业管理上的问题。

5. 积极推进战略创新

当前，由于企业面临国内外经济、技术环境的变化，市场竞争的激烈化和产品普遍的供大于求等新情况，企业仅靠某个方面的小改小革，很难有大的突破和发展。虽然在结合自己的实际情况，学习、借鉴、嫁接、综合运用国外的一些先进的管理理论、技术和方法的过程中，许多企业都开始重视整体管理创新，加强了战略管理、组织结构变革等方面的工作，但在整体管理的信息化、网络化、数字化水平等方面尚需继续提高。

6. 重视人力资源管理

当代企业之间的竞争，实质上是人才的竞争。我国加入世贸组织后，国际范围内人才的争夺战正在激烈展开。我国在系统全面的人力资源开发与管理方面的创新还有待提高，企业应该从战略的高度，通过求才、用才、育才、留才，为自己获得高技术的智能工人、精通技术的科学研究开发人才、善于经营管理的高级管理人才和专家型、复合型的知识人才。未做到吸引人才，一定要做到人才零距离。

7. 摒弃完全经验主义，努力建设学习型组织

管理创新不能生搬硬套，要运用科学的理论和方法对自身和他人的经验进行理性思考，找出自身和他人经验中带有规律性的实质内容，然后再结合企业实际和变化了的客观世界，有创造性地加以运用，就能够将企业过去成功的经验转化为今天的财富，将他人成功的经验转化为自己的财富。

8. 加强我国企业基础管理

基础管理包括企业内部基本管理制度的建立、基本流程的规定、基本信息资料的储备传送以及管理队伍的建立等等。只有搞好了基础管理，理顺了内部基本的生产协作关系，才可能进一步提高管理的层次和效率。否则，管理创新只会适得其反，使得企业更为混乱无序。可以从企业内部各职能部门中抽调专业人员组成内部控制委员会，这个委员会直接对经理负责，主要责任就是对各职能部门进行监督管理，形成一种相互制约机制。当然，要取得实效就必须制定有效的奖惩措施。例如实行部门领导责任制，出现问题首先追究领导的责任，再追究当事人的责任，而且要限期整改，并将结果直接报委员会审核，直到认可为止。

9. 提升企业文化建设水平，塑造良好企业形象

企业文化被誉为是新世纪管理的"第四次革命"，是企业的"灵魂立法"。在历届的管理创新成果中，很多成果都涉及到企业文化创新的内容。为了适应新形势的需要，我国企业的文化建设应从学习借鉴国外的、普遍推广阶段，向建立具有中国特色的企业文化阶段发展。

综上所述，完善的经济管理体系是企业实现可持续发展的重要基础，企业管理者要对经济管理体系有一个清醒的认识，我们可以从转变管理理念；加强企业内部的资源管理；制定科学、严谨的经济目标；利用先进技术，加强微观管理工作等方面入手，积极对企业的经济管理体系进行构建。

创新是一个民族进步的灵魂，是国家兴旺发达的不竭动力。一个没有创新能力的民族，难以屹立于世界先进民族之林。目前我国市场经济建设进入了完善和提高的历史性关键阶段，中国企业在其发展过程中面临管理变革的挑战。如何构建一个新的合适的管理创新体系是迎接这个挑战的关键。只有建立合适的管理创新体系，把知识与经济密切联系起来，坚持以人为本，注重管理与科学决策，与时俱进，形成新的经济增长点，抓住机遇，在国际竞

争中占领制高点，立于不败之地。

第六节 现代经济背景下企业管理模式创新发展之路

随着市场经济的深入发展，企业通过灵活多变的经营方法，能够不断开拓生存的空间以适应越来越激烈的市场竞争。由于企业规模不断扩大以及生产过程中一些条件的变化，使企业管理模式以及方法方面也随之发生一些变化。在对企业管理体制进行革新的过程当中，人们对于采取哪种管理模式都有着不同的想法。因此，探索最有效的企业管理模式，对于实现管理模式的创新，提升企业管理水平有着十分积极的作用。

一、企业传统管理模式的发展

伴随着企业的出现和发展，人们对企业管理模式问题的研究探讨从未停止过，针对企业自身的情况选择适合企业发展的管理模式实现企业价值的最大化，也一直是管理科学发展至今的首要研究目标。由中外管理学研究和实践来看，传统的企业管理模式主要是科学管理以及具备严格科层制管理制度的官本主义管理模式：

（一）科学管理模式

古典管理学家泰勒继承了经济学家亚当·斯密经济人假设的观点，即人的本性是以利己为原则的动机从事经济活动的，提出了实现最佳工作的科学管理模式。它要求制定一个先进的工作标准，以实现工作方法的标准化、工作条件和工作时间的标准化；选拔符合要求的工人并加以培训使之掌握标准的工作方法；然后利用经济手段来调动工人的工作积极性，从而提高生产效率。科学管理模式的核心是把人视为主要凭直观感性行动的，并以追求物质需求为最大满足为前提条件的，此种管理模式符合工业化发展的初期人们物质缺乏以及工业化大生产的需要。

（二）严格科层制管理模式

严格科层制是以企业管理者的行政命令为主导，员工的被动执行为核心，实行严格的层级制管理。此管理模式是以假设人本性厌恶劳动，生来以自我为中心，并且缺乏进取心，宁愿被人指使而希望回避责任，要求安定高于一切为前提的。在科层制管理模式下，组织内部有严格的规定、纪律，并毫无例外地普遍适用。组织内部排除私人感情，成员间关系只是工作关系。它严重压抑了员工的能动性、自觉性，忽略了在工作中人的感受，因此必须代之以全新的人本主义管理模式。

二、企业经济管理模式

（一）传统的企业经济管理模式

改革开放之前，我国经历了长期的计划经济体制。尤其是国企改制后的一些企业中有着根深蒂固的影响力，特别是在那些社会主义市场经济体制确立较晚，发展较为缓慢的地区，在一些企业中仍然存在着传统的企业经济管理模式。这种传统的企业经济管理模式，严重依赖国家的扶持，依靠国家拨付的资金生存，盈亏由国家负担，不仅不能调动企业的积极性，更不能适应市场经济的竞争机制，早已与现代社会发展不能适应，也不利于企业的生存发展，更无法实现企业经济效益的最大化。

（二）现代的企业经济管理模式

改革开放以来，随着社会主义市场经济体制的逐步确立和发展以及经济全球化程度的不断加深，企业的生存和发展面临着前所未有的压力和挑战，必须革新经济管理模式，实现企业财务管理的自主化和现代化，遵循经济和市场发展的规律，建立与市场经济机制和经济全球化趋势相适应的管理模式。这是企业在经济全球化的浪潮中求得生存的关键。

三、企业经济管理模式的现状

（一）企业经济管理制度不完善

很多企业制定了各种各样的经济管理制度，然而所制定出来的制度广而不精，不能实用与企业的经济发展，和脱离了社会的发展要求，严重的缺乏实用价值和可以操作的价值。要么就是制定了，但没有人来对其进行相应的监督和促进实施，显得制度执行中的不严谨性，从而使企业经济管理制度无法有效地进行和起到原本的作用。

（二）企业经济管理模式组织机构死板

企业管理者盲目的追求经济效益最大化的同时，却忽视了企业经济要想稳步的发展，必须将企业经济管理制度时刻跟随着社会的变化而进行变化，从而使企业经济管理制度停滞不前，到最后变为了，企业经济管理制度跟随着企业发展而变动，而不是企业随着所制定的有利企业发展的经济管理制度而稳步向前。

（三）企业人力资源问题过多

企业相对制定的激励机制工作做得不到位，导致员工情绪波动大，人员的普遍流失，使得企业内工作无法顺利的实施和进行，有问题不能得到反馈和解决，使得工作滞后，影响工作效率，从而直接导致企业经济利益受到影响。更使企业形象大打折扣。

（四）企业经济管理模式粗放陈旧

传统的企业经济管理模式粗放陈旧，企业只会一味地利用扩大经营模式来提高经济效率，然而这种经营模式只能局限企业经济的发展脚步，企业经济管理模式无法与时代发展所衔接，那么企业本身经济管理就会出现漏洞，这种漏洞一旦蔓延开，那么就无法进行控制和弥补，企业最终智能走向灭亡。

四、企业管理模式创新的理论依据

（一）科学管理理论

泰罗首先提出了科学管理理论。科学的管理理论对于企业的管理工作具有一定的指导意义，其明确指出变放任式管理为规范管理，变家长式管理为组织管理。该理论的实现可以建立一套严格的制度和秩序，来规范工作人员的行为，提高生产效率。同时泰罗还提出了领导行为理论、群体行为理论和激励理论来鼓舞士气，用培训来增强劳动者技能能力，用奖惩来提高劳动者工作动能。最后他还指出管理必须走向制度化和规范化，明确劳动者的义务和权利，避免纠缠不清的矛盾。

（二）人本管理理论

遵守以人为本原则，实施人性化管理手段是人本管理理论的核心。第一，人本管理注重关注工作人员的心理和行为，尊重并且关爱每一个员工，在其心灵上营造一个温馨的工作氛围，而且要避免强制性管理，应该通过心理辅导或者诱导解决员工在工作中的问题。第二，人本管理注重员工的个人兴趣和需求，通过其兴趣爱好或者需要的满足来刺激其工作积极性。第三，人本管理注重员工的参与性，在决策方面参考工作人员有建设性的意见，鼓励员工发挥主观能动性，集思广益，助力企业发展。第四，人本管理注重企业内部各阶层人员关系的协调性，强调同事之间、上下级之间都需要一个和谐的、沟通无阻的关系。第五，人本管理注重转客为主，将员工视为企业的主人，这是该理论的最高境界。

五、现代经济环境和制度背景的要求

（一）外部经济环境

首先，以顾客为核心，产品个性化定制的市场竞争模式已成为企业能否持续生存和发展的关键所在。在传统的标准化管理模式下产品千篇一律，不仅赶不上技术发展造就的竞争速度，更加无法满足顾客日益变化的个性化需求。其次，经济全球化已经逐渐成为世界经济发展的模式，由此带来的跨国公司扩张浪潮已成为大型企业的发展趋势。因此，传统的纵向严格科层制管理模式会加大企业的管理成本，降低信息流动速度，使企业陷入低效率的生产模式。因此企业管理模式的发展趋势应减少内部一般管理人员，结构相对扁平而不是高耸，以团队结构取代金字塔式的层级结构，管理模式的设计思路应倾向于顾客或企业的运营过程而不是职能。

（二）内部制度结构

公司制企业已成为现代企业制度的主流模式。投资主体多元化、产权制度的明晰要求企业管理工作追求综合经济效益，目标不再是经济利益最大化，而是企业价值的最大化，从而要保证各利益相关者的权益。从这个意义上来说，管理模式已经不仅仅只是服从上级的指示，而是整个企业中每一个环节的自觉行为。传统的将员工仅以"经济人"为假设前提来设置的管理模式无法匹配价值管理的目标。企业应当建立全新的人本主义管理模式，即文化管理模式，将上级控制下属变为以企业文化为导向的下属的自我控制来完成目标。

六、优化企业经济管理模式的措施

企业的长远发展离不开良好经济管理模式的形成，尤其是在当前市场经济激烈的竞争环境之下，想要比其他企业更具有竞争力和发展优势，必须不断根据市场需求优化自己的经济管理模式。

（一）健全企业经济管理的组织机构

企业经济管理，归根结底仍然是人对企业这一经济组织实施的管理，而最适合进行企业经济管理的应为企业的最高管理者。作为企业经济的管理者，高层工作人员首先必须熟悉与企业经济发展相关的法律法规和政策，并在企业内部加强组织对员工该法律法规政策的学习和普及。此外，企业也必须加强对高层管理人员的进一步培训，使其能不断了解社会上市场中出现的新情况，并及时制定和调整经济管理的模式。

（二）制定合理的企业经济目标

诚然，整体来看企业的经济目标是实现经济效益的最大化，追求最多的利润。在实际制定经济目标的时候，要考虑到企业自身的发展现状和发展方向等因素，收集企业前期的生产经营资料综合分析对比，在遵循市场和经济发展规律的前提下为企业"量身裁衣"地制定经济目标。

（三）高效管理企业资源

企业资源的有限性要求资源必须高效利用，才能实现企业利润最大化的经济追求。实现资源的高效利用，首先必须合理配置资源，将更多的资源分配到企业的核心生产部门。除此之外，在人力资源方面，应当挑选具备相当能力和经验的工作人员从事企业资源管理，确保从事资源管理的人员必须具备较高的经营能力。

（四）提高管理人员的职业素质

良好的企业经济管理模式离不开高素质的管理人员，因此企业必须挑选具有较高能力和经验的管理人员，并注重培养一支优秀的管理团队，为企业经济管理模式的优化和完善进行工作。此外，在奖惩机制方面，制定合理的考评制度，不断提高员工工作的积极性，发挥员工最大效能，并不断激励员工将自己作为企业的一部分，为企业经济目标的实现勤奋工作。

（五）保持经济管理的持续改进

为使经济管理的作用不断发挥，就要保持经济管理的持续优化和改进。根据每阶段的审核和总结结果，对经济管理模式进行不同程度的调整。并针对企业生产经营不同阶段的特点和市场发展的不同时期对经济管理不断进行调整，以使经济管理始终保持先进性，能够正确指导企业发展的方向。

七、现代企业管理模式的创新之路

（一）企业创新的内涵和必要性

经济学家约瑟夫·熊彼特在《经济发展理论》中提出了"创新"这一理念，从而成为现代企业管理的真正驱动力。管理创新，既可以定义为创造一种新的更有效的资源整合范式，也可以是新的具体资源整合及目标制度等方面的细节管理。企业管理创新是在创造和掌握知识的基础上，主动适应外部市场环境，提高企业整体效能的过程。创新是一个民族的灵魂，是一个国家兴旺发达的不竭动力。一个企业能否长期立于不败之地，其产品、生产和管理模式都要不断地创新，以满足市场日益变化的需要。

（二）创新管理模式

美国通用电气公司董事长杰克·韦尔奇说："我们以全新的管理理念赢得人心，而非依靠强制性手段。"新型管理模式需要克服传统的刻板的科学管理以及限制个人发展的严格科层制管理模式的束缚，建立起以授权和分权为主要方式的管理模式，并将企业文化思想贯穿管理流程始终。新型管理最大秘诀是通过培育员工的主人翁意识、危机意识，变员工的被动执行为主动参与，来调动员工的积极性，从而激发出他们用之不竭的工作干劲。

1. 目标管理

目标管理是以"目标"作为组织管理一切活动的出发点，贯穿于一切活动的始终，要求在一切活动开始前确定目标，以目标为导向，以目标的完成程度来评价。目标管理把经理人的工作由控制下属变为与下属一起设定目标由下属自我控制来完成。这些共同认可的衡量标准，促使被管理的经理人用目标和自我控制来管理，进行自我评估。目标管理的优点在于，能提高计划工作的质量，改善组织结构和授权，激励职工去完成任务，使控制活动更有成效。

2. 网络型组织管理

网络型组织管理以自由市场模式组合替代传统的纵向层级组织，公司自身保留关键活动，对其他职能进行资源外取，由一个小的总部协调或代理，这些分立的组织通过电子手段与总部保持联系，总部主要是制定战略计划、政策以及协调公司与承包企业的关系。通过减少管理层级，使得信息流动性更强；网络的各部分可以根据需求变动增加或撤除；无须大量的启动成本，增强了企业组织的适应性。

3. 簇群组织管理

该管理模式的特点是将公司的员工组合成一个个若干人的自我管理型团队，各个团队包括不同专业的人才，他们紧密结合，通过团队全力负责一个业务计划或主理一种产品的生产经营。这是一种新型的横向型组织，自我管理型团队拥有各种技能的员工以及所有所需的资源，并且团队成员有自主决定权。

（三）提升企业管理水平

将基础管理作为切入点，提升企业管理的总体水平。由于企业并不是属于一个架空的机构，而是由多个部门以及机构所组合而成的。所以想要从根本上提升企业的管理水平。一定要将基础管理作为切入点，这也是提升企业竞争力的一个有效渠道。有一部分中小型企业在组织构架方面比较简单，但是也分别设置了生产和质检以及销售还有财务这些基础性的部门。所以说想要提升企业整体的管理水平，首先要抓好以上这些基础性的部门，通过管理生产成本以及质检合格率还有销售分布和费用核对等方面，真正的实施基础管理。

（四）企业管理理念及制度创新

树立以提高企业生产效率为管理的根本目标的思想观念，注重实践，通过健全的规章制度来进行企业管理，约束员工，而不是言语训斥或者是冷处理。明确员工职能，保证分工明细，保障企业生产有序稳定。利用奖惩制度或者差别工资制度来调动员工的工作积极性。实行刺激性工资付酬制度，将员工的报酬和劳动贡献相互结合，以激发员工的劳动热情。管理阶层应该秉持不断学习的精神，乐于接受新知识或者下级的意见，以平常心对待员工，禁止将自己束之高阁，远离基层。企业必须要坐到有制可依以及有制必遵，针对企业来讲，如果制度不立则不存，而制度不行企业将不宁，所以，不管实施哪种管理模式，落实新的制度均十分重要，管理创新属于一个时期的过程，在实施之前以及实施的过程当中，都要制定完善有效的管理制度，并且实施之后不要轻易地改变，在企业当中，企业管理者必须要严格要求自己，起到带头的作用，给员工们做榜样，这样可使新制度在实施过程中来自员工的阻力大大减小。

（五）战略管理

由于市场竞争环境不断加剧和变化，并且日益复杂，以及竞争战略理论研究不断深入改革，从而产生了战略管理的理念。企业在确保可持续发展的同时想要不断地扩大规模，应该站在战略的角度，对企业任务和职责以及发展方向等进行一个重新的规划。战略管理模式主要指的是企业高层的管理人员怎样在有条件限制的环境下制定并实施以及评价企业整体竞争战略及战术，让企业可以将自身的优点充分地发挥出来，并且牢牢地把握住外部的机会，同时巧妙地避开外部带来的威胁，进而实现企业竞争目标地一个动态的过程。简单地说就是企业合理选择自身能够竞争的经营项目，对于本身的资源进行一个科学合理的分配，让各项经营的业务能够相互的支持与配合，这属于企业高层方面一个决策的过程。

（六）倒金字塔管理

以往企业组织大部分是比较经典的正金字塔型，金字塔的最上层为企业的总裁，再就是中间为管理层，金字塔的底层为生产制造以及销售的员工们。而原来这种正金字塔型的组织结构已经无法满足时代发展的需求。应该由之前的正金字塔型转换成倒金字塔组织，这样能够有效减少结构层次，使管理组织朝着网络化以及柔性化的方向发展，由于缩减了管理层次，能够有效提升组织的效率以及快速应变的能力。

（七）"以人为本"新管理模式的应用

无论是何种企业和管理学派，都应首先对企业中的人作为一个基本的价值倾向性判定，然后再确定管理途径和手段。我们不难总结出，人的因素在管理中是被当作了事实的首要因素和本质因素。"以人为本"的管理模式，首先确立人在管理过程中的主导地位，然后绕着调动企业人的主动性、积极性和创造性去展开的企业的一切管理活动。

"以人为本"的思想是基于对人的假设从经济人和社会人转变发展起来的，实施此管理模式，企业的管理者就需要在内部制造宽松的环境，从而使员工发挥自己的潜能，实现自己的价值，最终达到个体心理目标结构的发展与个性的完善。"以人为本"的管理模式在企业现实管理中的运用首先就是要营造一个优良的人的环境。所谓人的环境就是能够不断强调成员在企业组织中的一切活动中的中心地位。"以人为本"的管理是在一个现实的企业环境中进行的，这为营造一个良好的文化氛围以及调动员工的积极性、主动性都是有帮助的。

（八）产业转型带动模式创新

产业转型升级有利于经济、社会发展方向发展，进行产业转型升级就必须将其与职工培训、再就业结合起来。随着中国局部产业不断地主流化，对于很多企业来说就面临着产业转型，从而形成新的商业模式。产业作为一种企业的战略思想，在战略转移的时候，原有的企业管理模式就不能够满足新的产业格局和竞争发展需求，这就导致管理模式必须顺应做出反应对现行的企业管理模式进行创新和改变。

（九）经济发展和绿色生态发展相结合的发展管理模式

在全球经济日益发展的情形下，倡导绿色经济已不是什么新鲜事物。但是，经济发展和生态的发展是我们现时代必须考虑在企业发展的范畴之内的。近几年，无论是我国还是欧美等发达国家和地区都相继出台了很多环境保护措施，另一方面，也制定了相应的控制政策更甚者已涉及到法律的领域之内。这其实和企业是分不开、息息相关的。从上个世纪末开始，在全国乃至全球都引起了阵阵绿色经济发展的浪潮。所以适机在企业内部成立绿色生态保护的相关机制，并将其落实到企业日常的管理当中是一种明智之举。

八、关于在新环境下企业管理模式创新的相关建议

（一）依据企业导向，对企业管理手段进行创新

传统的管理手段强调的是指挥和控制，而在知识经济时代的今天，仅仅是这两项已满足不了日益复杂的管理工作，企业应依据企业导向，不断创新企业管理模式中的管理手段，以充分发挥员工的主动创造性。

（二）企业管理模式应更加基础化，形成稳固的企业内部管理组织

企业管理的模式化是由基础管理构成的。基础管理包括企业内部基本管理制度的简历、基本流程的规定、基本信息资料的储备等等。只有搞好了基础管理，理顺了内部基本的逻辑，才能保障企业管理模式的稳固。否则，管理创新只会适得其反，使企业更为混乱无序。此外，企业信息化管理是动态管理，每一个阶段都需要牢抓基础，这样才能保证企业在发展中创造出适合自身的管理模式。正如这项调查得出的结论，企业管理模式应更加注重基础化，只有这样企业管理模式的创新才能在企业的逐步发展中有其用武之地。

（三）以企业文化为根基，通过对模式的创新，不断提升企业管理价值

企业文化的不同，带给企业的价值也是不同的，带给企业的管理价值自然也就有着较大的差异。面对这种情况，有的企业可以用 SWOT 分析法进行分析，来总结出企业较于其他竞争企业存在着哪些优势和劣势。对于企业来讲，创新的路子上不应该抛弃企业的文化，只有这样才能不断提升企业管理的价值，使企业在面对困难时站得更稳。

（四）净化管理环境，使企业渐渐转入可持续发展的路子上去

在专业研究机构 INFOX 曾发布的一份《创新企业竞争优势》的报告中，指出中国经济发展结构正处于调整期，另一方面，改革开放以来，依靠资源优势获得发展的中国经济正在逐渐失去优势和动力。受各种因素影响，中国经济要想得到长足发展，就必须使企业走向可持续发展的路子上去。

九、新经济环境下企业管理模式创新的作用

（一）企业管理模式不断创新的力量是推动企业持久发展的一项根本力量

企业管理模式到底是什么，与其说企业管理模式是一个无形的组织，倒不如说企业管理模式就是由众多管理知识叠加而成的一个系统。而这个所谓的系统是为企业而量身打造的，不同的管理模式具有不同的管理职能和作用。在企业中，如果没有管理力量的介入。那么资本的力量、技术的力量等就会变得非常薄弱。综合来说，企业管理模式的创新凝聚了企业管理的智慧，而管理的力量是推动企业持久发展的一项根本力量。

（二）企业管理模式创新实现的试验成果可以运用到企业市场化、规模化带来的复杂的问题

企业的不断发展，带来的是市场规模的扩大。企业在求发展的时候，会产生诸如内部管理工作的日益复杂化、需求的快速变化及竞争形势的变化等一系列的问题。面对这些问题，作为企业管理者不仅仅要及时地做出调整，还要提高企业自身的反应和防御速度。同时要引进先进的管理技术，利用现代化信息技术来提高管理的效率和质量。学者普遍了解，其实管理的过程实际上就是对管理信息的处理过程。而管理模式的创新带来的实际成果恰好能够弥补这一点。

（三）形成企业内部管理机制，优化资本在社会范围内的配置

企业管理模式的创新有利于权责的明确，形成科学的企业内部管理体制，并有利于促进企业家阶层的形成。公司可以通过这个途径来促进企业明确职

责和分工，形成科学有效的内部管理机制。企业的发展一方面也是通过市场实现的，而市场存在的交易和企业的资源流动是分不开的，随着现代企业管理模式的不断成熟、不断创新，企业已然可以通过市场交易使资源向经济效益好的方向流动，从而达到资本的优化配置。

第七节 信息时代企业经济管理创新实践的分析

一、简述经济管理理论

（一）经济管理的含义

经济管理，是指企业经营管理者为达到预定的目标，对企业生产经营活动或社会经济活动而实施的组织、计划、指挥、协调以及监督等活动。总而言之，经济管理就是企业经营管理者对企业经济活动进行的管理活动。

（二）经济管理的意义

企业管理活动开展是以企业的经济管理为基础的。企业经济管理要不断地进行改革创新活动，以指导企业的实践活动，只有这样才能真正意义上的实现企业的有效管理。有效的企业经济管理不仅能够明确企业的未来发展方向，还能够推动企业各项规章制度的实行，促使企业员工发挥自身潜能，进而为企业带来更多的经济价值和无形价值。在企业的发展过程中与日常工作中，企业的经济管理也对企业加强市场竞争力起到重要的指导性意义，既促进了企业经济利润的长期、稳定、持续增长，又维护了企业的日常运行。由此可见，建立健全起一套完善的企业经济管理制度对实现企业经营目标有着重要的影响。

二、我国企业经济管理存在的普遍问题

（一）企业经济管理意识淡薄

目前，我国的大部分企业是以经济利益的增长为经营管理目标，只是单一的注重企业销售额的增长，往往缺乏长远发展的眼光，忽略了经济管理理念的存在价值，致使企业经济管理达不到其潜在效益，很大程度上制约企业的健康、可持续发展。长此已久，企业既得不到经济效益上的明显提高，也不能使各项规章制度法落到实处，尽不到管理职责，严重影响了企业经济管理发挥作用。

（二）企业经济管理制度不健全

当前，我国企业的经济管理水平远远落后于经济发展水平，还没有形成

一套完整、科学、合理、有效的企业经济管理制度。虽然已经有部分企业意识到企业经济管理制度对企业发展的重要性，并将先进的经济管理结构逐步引入企业发展中来，但是落后的企业发展模式却难以为经济管理模式创造优良的条件，致使资源的浪费。

（三）企业经济管理中缺乏完善的人力资源管理组织模式

在我国大多数企业经济管理部门当中，管理人员仍然不能及时、准确的执行企业内部各项管理制度，对于管理职责不能落实到位，责权不明确，对于业绩考核不够重视，一旦出现问题难以担当。与此同时，还有一部分企业忽视了企业经营管理人员的技能培训以及经验的累积，致使一部分员工在企业日常生产、经营实践过程中，因为技术水平和经验的不够影响企业生产、经营目标的实现。如果企业缺乏对员工有效的技术培训和思想教育交流工作，也将导致企业人员流逝率的上升，对企业的人力资源造成严重的消极影响。另外，如果企业没有设立科学、合理、有效的奖惩体系和人员评估机制，将缺乏公正性，制约企业内部员工的工作热情和工作积极性，致使企业丧失向心力以及凝聚力，造成严重的人力资源危机，阻碍企业长期、稳定、可持续发展，不利于企业的保值与增值。

（四）缺乏有效的内部控制管理系统

一般情况下，企业内部控制制度的不完善是导致企业经济管理制度缺陷的最重要原因。企业内部控制体系与经济管理体系密不可分、相辅相成。内部控制制度实现了企业的事前预见、事中监管、事后分析。企业内部控制制度的缺陷将导致企业经济管理的漏洞，使得企业对监督事项不明确，对内部经济管理现状和财务信息掌握不全面，影响企业经营管理者对企业发展做出正确决策。

（五）缺乏专业的经济管理人才

人才，是现代经济社会向前发展的关键词，是企业取得长远、稳定、可持续发展的保障。随着我国会计行业的健康发展，会计人才的成长已经得到社会足够的重视，越来越多的高级学府开设了专门的会计学科，为我国经济社会的建设和发展培养了大批高素质的会计人才和管理人才。高素质人才不仅掌握了专业的理论知识和先进的会计管理理念，还兼具较强的实际动手能力，这使我国人才结构更加合理化，为我国会计事业发展创造了有利条件，为经济社会的健康发展建设了良好的环境。虽然我国大多数高等院校已经设立了相关专业，但是，学生仍然缺乏工作经验，不能毕业后马上投入到工作中。

三、信息时代背景下企业经济管理问题

（一）信息系统管理应用范围还比较狭窄

随着计算机信息技术的发展推广以及各行各业信息化建设的加大，ERP系统管理在我国已获得了较广泛的发展。据相关统计资料表明，目前我国很多企业已经初步实现了现代化管理的模式。但由于思想观念、管理模式等众多原因，在运用ERP系统的过程中，一些企业对于ERP系统的认识还存在不足，缺乏对ERP系统的重视，甚至存在一定的抵触心理，加上应用ERP项目管理本身就具有一定的不可知性和风险因素，导致了一些企业实施ERP系统管理的建设力度不够。企业应用ERP系统管理的实施力度依赖于企业领导的意识，目前很多企业都会运用ERP软件，但往往只是利用ERP系统管理进行一些基础的工作，而没有将其更大的价值发挥出来。因为软件是一种比较特殊的商品，利用软件来进行企业项目的管理工作，这需要很多企业高层领导者的支持，也需要项目管理工作者的传统管理理念要得到转变，如果企业内部管理的决策者的理念无法得到转变，那么ERP项目管理的实施难度很大。

（二）企业组织结构呆板

很多情况下，企业的生产技术、产品价格制定和投资的决策等重要内容都只是存在于少数的人员手里，企业采用一种垂直流入的方式来传递这种重要信息。而这种管理紧密、分工明确的组织结构并不能满足当今快速发展的企业，这种"金字塔"式笨重而又缺乏灵活性的组织机构，阻碍了企业员工之间的交流和沟通，限制员工的思维和创造力，不利于知识的共享，企业的生产效率也就难以提高。

（三）信息时代背景下企业制度与企业文化问题

传统的企业经济管理制度中主要是依靠"计件工资制"和"计时工资制"等，激励制度过于陈旧，难以激发员工的创新动力和开阔的思维意识。很多员工自以为存在别人所缺乏的潜力和能力等，所以出现了骄傲自满的情绪，但这种能力没有发挥出来，为企业创造出社会价值和利益，就体现不出该资源的优势，甚至会影响和阻碍个人的发展和成长等。从企业文化来看，企业的文化是一个企业发展和进步的灵魂所在，体现了企业的涵养和内在，而传统的企业生产中只注重企业的生产效率和生产质量等，忽视了企业员工的情感因素和创新力量等，使得员工在进行工作时，难以发挥自身的想象力和创造力，企业生产的"机械化"现象严重，员工之间不能相互学习。

四、信息时代下企业经济管理意义表现

在如今市场经济高度发展的时期，信息传递迅速、技术发展快，企业受到知识经济、经济全球化趋势加强、信息技术的影响。此三个方面的影响使得企业的外部环境逐渐扩大，国际市场竞争日益激烈。随着新形势带给企业的诸多机遇和挑战，要求企业不断加强经济管理，并且通过管理的创新提高其综合市场竞争力，保障企业快速健康发展。但是，目前多数企业的经济管理还存在诸多缺陷，大部分的企业管理观念还较为落后。虽然受到新形势的影响和各方面因素的压力而提高了对经济管理创新的重要性的认知，但真正落实到行动之上，从根本上改变和创新经济管理的企业却少之又少。不仅缺乏对企业经济管理的认识和重视，并且进行创新之时也大多容易忽视理论和实践相结合，所以即便制定了创新策略也可能不合理不科学。其次，我国的企业缺乏对于内部的有效管控。大多数企业还存在的问题就是对于经济管理控制的目标相对较低，过于简单和形式化。也还并没有统一的指挥和协调机制。从管理内容来看，多数还停留在内部财务审计之上，局限性过大。

五、信息时代下经济管理的新趋势

（一）经济管理逐步转向精细化与系统化

经济管理的重要工作之一，就是收集、分析并处理数据，然后根据现状进行汇总，给出结论。在很长的一个历史阶段里，这一工作都是通过人工手段来进行的。在信息时代，信息和数据的爆炸使得用人工来处理这些数据已经成为了几乎不可能事情，越来越多的经济管理部门开始使用计算机来进行相应的操作。然而简单地使用数据统计软件进行数据汇总与简单分析，显然难以反映出当下经济发展的现状与方向，就更难以预测到经济发展的走势。然而，目前各种具有针对性的经济管理后台软件的出现，就帮助经济管理者轻松地解决了这一问题。以农业经济管理为例，在一个奶牛场中，每一头奶牛都有自己的条形码，从进入奶牛场到死亡，这一头奶牛每一天的产奶量、身体状况等都可以上传到电脑数据库中，整个奶牛场的数据皆是如此。同时，奶牛场每日的盈亏、生产量出货量都记录在数据库当中，每到一个时间节点，系统会根据数据的现状分析出目前奶牛场的基本情况，为下一阶段的销售做出预测，从而指导生产。比起完全人工的数据录入与分析，计算机系统能够为经济管理提供更为准确的数据报表，不仅能够对比上一个阶段的生产情况，数年之前的数据也能够调去，而经过验证的分析算法比人工推测经营情况也要准确得多。这就是信息时代经济管理转入精细化与系统化的表现之一。

（二）经济管理更加具有人性化与人本化

在经济管理方面，对于员工的人性化管理是留住优秀员工的关键。对于企业来说，员工是最为宝贵的财富，而某些人才甚至是企业的"顶梁柱"。而在传统的管理方式中，尤其是在中国的管理文化中，经常出现"任人唯亲"的现象，简而言之就是考评体系的不完善导致了员工不能人尽其用。而信息化给经济管理带来的，则是能够全面量化的员工评价标准，通过员工工作量、出勤率的严格录入，能够在客观公正的前提下给予员工一个最为公正的评价，使得各方都能够感受到公平，避免一些暗箱操作的出现。而同时，现代信息的发展也使得对于人员的管理能够更具温情。在诸多的企业当中都会为员工设置工作 QQ 群、微信群等，网络已经成为了企业文化的重要平台之一。企业员工虽然休闲时间忙碌，然而可以经由手机等终端"忙里偷闲"与同事、领导进行沟通与交流，联络了感情，凝聚了团体。信息化为经济管理提供的人性化表征就在于此。

（三）经济管理打破了时间与空间的界限

经济管理其实是一种时时刻刻都在进行的活动，因为市场总是瞬息万变，如果错失良机，则对于管理者来说就会导致严重的损失。而目前的信息技术，尤其是移动信息技术，使得经济管理不仅仅能够搭载互联网平台实现电子商务，更能够使得电子商务的开展能够随时随地的进行，只要具备互联网和终端设备。在目前，用手机和移动平板电脑随时随地进行办公已经不是什么稀奇的事情。诸多企业使用的以 ERP 为主导的企业信息系统、用于企业之间信息化管理的 SCM 都需要接入互联网进行使用，而在移动互联运用日益优化的当下，只要拥有网络设备，进行好安全防护，便可以实时进行经济管理信息的查阅。而使用手机应用，则可以轻松的借助相应的客户端完成转账、购入、卖出等交易手段，使得经济管理者能够在第一时间掌握商海动态，进行各项经济管理。

科学技术是第一生产力，目前信息化的发展为经济管理带来的转变是巨大的，这种转变使得经济管理更加科学化、人性化，提升了管理活动的即时性。企业在信息化的背景下，首先就要接受信息化为经济管理带来的改变，同时从自身制度层面和信息技术提升方面接受在管理方面的转变，全面拥抱信息时代。我们相信，随着科学技术的进一步发展，更多的科学技术将会更多的应用到经济管理中来，进一步提升经济管理的水平与效益。

六、企业经济管理的创新实践策略

（一）创建经济管理的创新氛围，实现理念创新

在实际工作中，企业要对经营模式方式和市场竞争方式进行创新，放大

企业生产、经营优势，提高企业的市场竞争力。企业应该根据发展进程的不同阶段，使用不同比重的危机管理模式，以保证与企业发展的同步。

（二）建立健全经济管理制度，实现制度创新

企业内部的各项规章制度不仅规范了员工的行为，也是企业开展各项工作的指引。企业规章制度的创新实现了企业资源的优化配置，也促进了企业产品的出新优化。在经济管理创新的新形势下，创新策略需要企业员工全员参加，使制度的创新更加柔性化、人性化。

（三）实施全面经济管理监督，强化内控

企业必须坚强内部控制制度，遵循制度工作，对企业经济管理进行全面监督。如果单一的依靠财务审计对企业进行调控，那么，其工作范围存在一定局限性，要确保企业的发展据测符合企业发展目标，就必须建立完善的内部控制体系。在具体工作中，企业要实行规划企业的生产范围、设置预算管理机构和奖惩机制、强化内控等措施，以推动财务管理的开展，有助于经济管理的全面化、多元化。

七、信息时代背景下企业经济管理创新

（一）利用信息化经济管理手段

可充分利用 ERP 系统来进行经济管理，在管理的过程中主要对项目范围、客户满意度、项目质量、项目成本、项目进度这五个方面考虑，在具体措施上可以从以下几个方面入手：首先是在具体操作过程中要严格按照管理的程序规范开展各个工作环节，比如在签订合同的时候必须提前详细了解双方的各项信息，详细审核合同的各个细节并进行实际考察，全面、准确的记录合同双方相关信息、签订人员、合同内容等等；在签订合同以后要考核产品的测试结果是否与客户的期求相符合，如果合同项目存在变更，则要及时向相关责任人反应，对存在争议的地方要进行交涉；在项目交付的时间管理上必须要根据项目进度计划来执行。可以通过 ERP 系统测量分析项目的进度，并充分与项目实施的具体情况相结合进行人为分析，以此利用信息技术和人为分析提高对项目相关情况的判断能力。

在项目质量的管理方面主要是注意静态数据的质量、项目实施方案的质量、项目测试案例的质量等方面，可通过 ERP 系统进行治疗检查，管理人员必须要加强对项目管理相关知识的了解掌握，正确认识管理中的各项概念，比如在实施成本管理过程中需要认识到一致成本和非一致成本的差别，并采取对应的管理措施。可充分结合以往的管理方式与 ERP 系统进行对比分析，及时收集项目参与者的意见进行整理和对比分析，充分利用财务信息，做好

成本的预算和管理，从而提高管理水平；管理人员需要提高对客户满意度的重视，并通过加强对客户的跟进和调查，了解客户的满意度情况，注重细节工作的处理，尤其是要做好售后服务，以此提高服务质量，巩固企业的市场竞争力，从而促进企业和企业合作机构的合作关系能够获得长远的发展，在此过程中促使企业获得更多的客户来源，提高企业的品牌形象，最终提高企业市场竞争力，促进企业的长远发展。

（二）完善企业内部机制

1.建立和完善综合性的技术基础机构、环境基础机构和人力基础机构等

为了促进企业知识的开发和利用，CKO需要根据高层管理组织团队来制定一系列的激励机制；为了提高企业的经济增长，需要依靠CKO来分析和管理知识，创造出更多的知识产品，为企业的发展和进步服务，创造更多的企业效益和综合价值。

2.建立知识共享、生产、传播和运用等于一体的激励机制

要想促使企业的快速发展，需要借助于员工脑海中所存储的信息和技术力量，依靠合理的方式来激发员工的工作积极性，通过建立有效的激励机制，让员工脑海中的知识和力量发挥出来，而不是通过强制性的硬性手段来"逼迫"员工将知识透漏出来，真正地将自身的知识水平跟自己在企业中所处的地位和待遇联系起来，体现出自身的价值和水平。

（三）加强内部管控

提高经济管理内部控制的监管力度是保证企业资金得以顺利应用的重要环节，是提高企业经济效益的关键之举。因此，企业领导者一定要加大监管力度，设立单独的资金监督部门，定期派人对资金的使用情况进行盘查，避免管理漏洞。另外，企业还要结合资金管理内部控制制度健全完善资金监督体系，制定科学的监管规范，对企业会计人员进行严格监督，减少资金不规范使用的情况，从而提升企业的资金管理能力。其次，应完善经济管理内控制度，并严格按照规范进行执行，细化内部工作细则，明确权责，确保岗位的有效落实。在此基础上，制度的建立还要保证与企业实际情况相结合，完善内部的框架体系，使制度体现企业的特点，从而提高企业的管理效率，保证经济效益。

随着我国改革开放的不断深入，国内外交易日益频繁，企业面临着越来越激烈的市场竞争。企业的经营管理者必须要运用创新理念对企业经济管理进行创新、改革，优化经济管理策略，实现企业经济管理的现代化、信息化，推动我国经济的持续、健康发展。

第三章 经济管理体系下的现代企业观念创新研究

第一节 现代企业管理观念创新分析

企业管理理念是一个企业的灵魂。随着市场经济的发展，企业管理要求新的管理理念与之相适应，中国企业在发展过程中，紧紧抓住国际管理理论与实践发展的新趋势，更新观念，结合本企业的特点，勇于创新，取得了极大的收益与进步。新经济时代激烈的竞争，呼唤企业要不断进行管理变革和创新，才能适应时代发展的要求。所以现代企业应该对不断创新企业管理理念，促进我国企业更快更好地向前发展。

一、现代企业管理理念创新的必要性

（一）适应时代发展的客观要求

当今世界已经进入了知识经济时代，知识经济时代要求现代企业必须不断创新管理念。管理创新即要把创新渗透于管理的整个过程之中，不断进行观念创新，制度创新、市场创新，进而实现组织价值和管理效能的最大化。创新是组织生命活力的源泉。传统的管理理念过多地强调组织内部环境的控制，忽视了组织与环境之间的互动，结果是制约了组织的应变力和竞争力的提高。所以，管理组织必须创新。创新是未来现代企业管理理念的主旋律。时代呼唤围绕着知识管理进行的创新，管理理念创新可以适应当代企业的发展要求，也是适应知识经济时代发展的客观需要。

（二）企业管理理念创新提高企业文化水平的要求

知识经济时代的管理是科学的管理，体现着先进文化及价值导向。现代企业管理理念必须提高人的科学知识水平。提高管理中的文化含量，实现两种价值的融合，就成为未来管理中面临的一项紧迫课题。现代企业管理理念可以促进人的全面自由发展。传统的管理理念忽视了组织成员的个体价值和

个人目标，忽视了人的个性的激励和潜能的开发，最终导致管理效能的下降。这就客观上要求新的管理理念与之相适应。企业的生存和发展需要新的管理理念去提高人的素质，充分发挥人的潜能，使人与自然的关系得以和谐，人的个性得以充分发挥，人的需求不断地得到满足。

（三）企业管理理念的创新是企业提高经济效益的重要手段

知识经济时代的现代企业管理理念必须把知识改变组织命运的理念渗透于管理的全过程。"以知识开发知识"是时代发展的必然。知识经济时代的现代企业管理理念必须把知识最大限度地转化为生产力。其核心理念就是要求把组织系统的信息与信息、信息与活动、信息与人有机连接起来，实现知识共享，运用集体智慧和创新能力，以赢得组织的核心竞争力。知识经济时代的现代企业管理理念必须发挥人的创造力。在知识经济时代，无论是盈利组织还是非营利组织，最宝贵的资源不是它的固定资产，而是它的知识工作者。现代企业管理理念所做的一切，就是提高知识工作者的生产率，从而提高企业的竞争力，使企业在激烈的市场竞争中站稳脚跟。

二、现代管理理念的创新

（一）人本管理理念

人才是直接影响企业整体发展的关键因素，新时期企业发展中要将企业"以人为本"的管理理念深化到企业管理的突出位置，强化人的主体地位，在发展中尊重人的主观能动性，使企业各级员工充分意识到自我价值，从而在企业发展过程中，更愿意以主人翁的身份投入到工作中去。人本管理理念是企业吸引人才的有效管理理念，对于大多数员工而言，自我价值的最大化是其在工作中追寻的最终目标。因而，企业要在尊重员工的基础上，根据每位员工的自身特点制定出详细的培养措施，使其意识到自己受重视程度，从而更愿意将企业作为施展自己才华的平台。人本管理理念不应仅仅局限于对员工的物质奖励，更应该有针对性的对表现积极、努力的员工进行精神上的鼓励，以激发其工作的热情。

企业人本管理理念的创新过程中，可以根据员工的日常表现，设置最大进步奖、团结协作奖等各种奖项，更深层的激发员工的工作热情。企业只有做到真正的尊重员工并根据员工个人的表现与能力对其进行有针对性的培养，员工才会逐渐生成"以企业为家"的责任感与奉献精神，其才会成为企业未来发展的主力军。

（二）知识管理理念

企业的知识管理是充分将各种与企业发展相关的企业内部信息与外部信

息进行充分的整合，将信息与企业的内部活动、企业的长远发展有机地结合在一起，通过信息技术的作用形成一个系统的知识资源共享体系。企业的各级领导通过定期的对其下辖的员工进行知识的引导，使企业员工的整体素质与知识储备迅速提升，以促使各级干部员工在自己的岗位上发挥自身的价值，运用聪敏智慧为企业的发展建言献策，为企业在市场经济竞争中提供坚强的后盾保障。

新时期企业在进行知识管理理念的创新时，首先要建立知识共享机制与知识共享平台，为员工的以主人翁的身份投入到企业的发展建设中去提供平台，其中知识共享机制需要企业通过总结企业各阶段的发展情况，并指出发展中存在的不足，借鉴国内外同行业发展中的成功经验，为企业的发展提供借鉴，以促使企业的正常发展。在知识共享机制中，企业的各级领导与员工会及时了解国内外的先进知识与技术，对其学习与发展有极大的助益；而知识共享平台为基层干部员工提供了分享自己的理解与建议的平台，在平台上员工可以阐述自己对某些知识的理解及对企业发展的建议，在为基层员工提供施展自己的才华的同时，也有利于激发员工思想中潜在的创新精神，是企业长远发展的有效保障。"一千个读者一千个哈姆雷特"这句话的意义就是强调思想交流的重要性，知识共享机制与知识共享平台为企业的员工提供了知识学习与思想交流的平台，通过企业内部的知识与信息的交流，企业的应变能力与预知能力均会有很大的提升，有助于企业的长远发展。

（三）创新管理理念

创新是一个民族发展的不竭动力之源，对于企业的发展也同样重要，企业在发展过程中要根据整个市场的变化而不断进行创新活动，以积极调整企业的发展战略，使企业沿着更科学的发展轨迹发展。企业要在明确自身发展性质的前提下强化市场危机意识，从而详细引导企业具体环节的创新管理，以解决企业发展中存在的不足，树立正确的创新管理理念并使其深入贯彻到企业经济管理活动的全过程中去。企业完善创新管理意识可以激发各级员工的创新意识，使企业在发展中可以精确对其自身进行市场定位，以推进企业的全面的发展。企业的创新管理理念可以具体地从对企业的长远期目标规划、企业员工的培养方式、企业的运营方式、企业的奖励机制、企业的组织结构、企业文化构建等多个方面进行。企业可以根据自身的发展情况进行市场的实时定位，从而促使企业领导可以根据实时的市场经济发展信息及时改变企业的发展目标，创新人才培养方式、奖励机制，同时企业也可以适当进行企业内部组织结构的调整，以优化资源配置，促使企业资源管理体制的创新；企业根据市场竞争情况强化市场竞争观念，推进思想观念的创新等。在市场发展过程中企业只有不断根据自身发展的实际情况进行适当的创新与改革，企业才能更稳定的走下去。

（四）危机管理理念

《生于忧患，死于安乐》是《孟子》中极具代表性的一篇文章，而"生于忧患，死于安乐"这句话在商场发展中亦是不变的真理，企业发展中要将危机意识贯穿到企业发展的始终，使员工企业各级员工在居安思危的环境下积极为企业的长远发展建言献策。企业将危机管理理念渗透到工作的各个环节，使领导干部及员工能及时地提出有可能对企业的发展带来不利影响的问题或挑战因素，使其可以有充足的准备时间去有针对性的思考与应对，从而在危机真正发生时可以从容不迫的应对，最大限度的降低企业的损失。

就企业的危机管理意识，企业可以建立危机探究机制，企业以各个部门为具体单位，定期开设危机探究会议，部门领导与员工可以各抒己见，针对发展中遇到的或是预见到的问题进行探究，由于基层员工从事最基础的工作，其危机意识更能代表基层发展情况，对企业的发展更有切实的帮助。

（五）激励管理理念

充足的动力是员工在各自的工作岗位上积极建言献策、努力从事生产活动的重要影响因子，因而企业在发展过程中应积极强化激励管理理念的发展与深化，通过一定的物质或精神奖励使员工更愿意将自己的更多精力投入到企业的经济运行中去。在激励管理理念下企业可以通过制定完善的奖惩制度，对工作积极努力的员工提供奖励，而对工作消极的或做出有损企业发展事情的员工进行惩罚，企业制定严格的职业纪律规范，员工才能感知这个企业的公平、公正，才更愿意参与到企业活动中去。

三、创新企业管理理念的思考

（一）企业要树立"以人为本"的管理理念

企业的各项活动都离不开人的要素，21世纪，经济全球化、技术进步和消费者地位的提升等使得企业的外部经营环境变化越来越快。企业如何应付这一不确定性的环境挑战，许多企业管理的研究者与实践者都把目光投向人。人是企业能对自身进行变革以适应环境变化的惟一动力，因而，必须加强"以人为本"的管理理念。"以人为本"的企业文化价值观成为管理理念的核心是管理革命的鲜明特征。只有坚持"以人为本"，企业管理才会成为企业发展的永恒主题。企业管理者必须十分重视职工在企业中的地位，真正做到尊重人、理解人、信任人，实行民主参与管理。提倡善于用人，认真对待人力资源开发的观念，要从效益观、道德观转到核心观。在人力资源管理过程中，企业家要有创新精神，要不断地超越自我、勇于进取、不断学习，永远保持创新的观念和活力。企业要像经营产品一样去"经营"人才，努力培养高素质的员工和创新的企业家，促进企业综合实力的提升。

（二）企业的管理理念要更加重视信息资源的开发利用

信息化是全球经济发展的必然趋势。信息化不仅从全方位给企业创新发展带来深刻影响，而且是企业创新发展的源泉，可以降低企业创新发展的风险，克服企业创新发展中的障碍。在新经济时代，信息化的网络已经成为连接企业与政府、企业与市场、企业与社会的主要桥梁，是不可替代的经济增长之源。企业离不开信息，其创造潜力的释放离不开信息技术的应用和自身的信息化程度。同时，我国企业经过几十年的苦心经营所积累下来的巨大资产存量，能否通过信息化改造在不断增值中谋求创新发展，也是我们面临的现实问题。这就要求企业必须致力于信息资源的开发和管理。才能找到不断创新的可持续发展的源动力。

（三）企业的管理理念更加重视知识管理

实施知识管理的目的是加快知识创新的速度和提高知识创新力度。以形成和提升企业的核心竞争能力，保持企业旺盛的生命力。我们的时代已经进入知识经济时代，体现出知识和技术在经济增长中的作用。因此，现代企业必须加强知识管理，知识管理为实现知识的显性化和共享寻找新途径。因此，能否发掘企业中隐含的知识，充分发挥这些知识的作用，是企业成功与否的关键。知识管理让企业从学习中获得竞争优势。企业要保持竞争力就必须拥有新知识和创造力的员工，知识管理注重激发员工的学习精神。通过培养弥漫于整个组织的学习气氛，充分发挥员工创造性思维能力，促进企业的发展。

（四）现代企业管理理念更加注重企业的创新思维

创新是企业发展的核心力量，企业所有的竞争力都来自创新。企业要不断发展，就要拥有一流的创新理念。创新变成了组织的生命源泉，企业要有强烈的"危机意识"，这样才能不断激发企业的技术创新。企业要重视创新机制和创新精神，要重新构建创新的组织架构，建立学习型组织。要重视企业文化创新，管理的活力来源于企业文化。企业文化是企业生存的基础、发展的动力、行为的准则、成功的核心。在新经济时代这一特定的环境下，企业要不断对原有文化注入新的活力和赋予特定内涵，使之不断丰富、完善和发展。要强调企业的社会责任。以增强员工的集体荣誉感，提高企业自身的凝聚力。要有不断超越的精神。唯有超越创新思维，树立全新的管理与技术创新理念，才能适应新经济时代的要求。激活企业、激活市场，推进企业高速、健康、高效的发展。

（五）企业更加重视企业组织结构的速度和效率

随着产品更新换代的加速。速度将取代成本和价格，成为企业争夺市场的重要手段。时间是世界上最稀缺的资源，整个互联网的竞争思路就是追求速度和效率。一个公司的成败取决于它适应环境变化的能力。这就意味着"速度就是一切"。新经济时代，速度是一个非常重要的概念。不但要比创新，还要比速度，速度最快的企业就可以迅速地占领市场。尤其是高新技术产业，新技术的第一个拥有者，也往往是该市场的成功者和领导者。传统的企业运作模式已不能适应时代的要求，必须创建面对持续变化环境的企业运作模式。在新经济时代，重要的是营造出充分发挥知识和智能效率的组织氛围，在快速变动的竞争环境中为员工提供最快的反应机制，让员工充分发挥潜力，企业才能在激烈的市场竞争中站稳脚跟。

（六）现代企业管理理念创新必须与时俱进

知识经济时代的到来迫使企业要与时俱进。管理工作涵盖了企业生产、经营的所有环节，现代企业管理理念创新必须与时俱进。企业只有不断更新自己的管理、完善自己的制度、不断调整市场战略，才能够最终完成企业价值的最大化实现以及管理工作的最优化实施。

企业内部生命力要求管理不断创新。企业的内部组织建设是一个向外扩散的、不断发展的，需要和外界进行信息的交流、物质的交流以及精神的交流，才能够实时保证组织的应变能力和环境适应性，从而保证企业内部蓬勃的生命力。

传统企业的管理理念将企业管理工作的重点放在企业内部组织建设以及内部环境的控制方面，很大程度上忽视了内部组织与外界之间的互动，在很大程度上丧失了提高企业综合竞争力的机会。从这个角度出发，我们就必须对管理组织进行创新。

创新是当前时代的要求。开展管理工作的目的就是在于将企业工作按照知识体系管理的体制和方法进行安排，为企业员工个人才智的发挥以及创造力的施展提供充分有利的平台。在当前知识经济时代的大背景下，企业的管理工作人员要将对人才的管理作为管理工作的核心，要充分尊重人才的工作方式方法以及其他在工作方面的诉求，并形成关心人才、尊重人才以及信任人才的良好氛围，帮助他们进行新产品的研发，以助推企业的发展。

（七）企业管理理念创新体现先进文化

正确的价值导向。在知识经济时代的大背景下，企业的管理工作要充分体现出管理的科学性，要在价值导向上做好文章。价值导向是企业文化建设的关键所在，体现了企业的灵魂，要搞清楚企业管理工作存在的意义，制定好企业价值导向的标准，并确定好实现的方式。一个企业没有自己的价值导向，企业的管理生活和生产生活就失去了灵魂，员工缺少对企业的忠诚度和归属感，消极怠工，从侧面打击了工作的积极性，创新工作更是难以开展。要把每个员工的作为企业不可缺少的细胞，寻求所有员工在认知方面、情感方面、信仰方面以及价值取向方面高度认同的价值取向，帮助所有员工实现个人的成长，从而推动整个企业的发展。

充分提高员工的科学知识水平。要协调好成员价值和企业价值之间的关系，通过各种关怀手段来充分调动起企业职工的积极性以及创造性，让他们意识到自己的企业的一个重要部分，只有所有和自己一样的员工积极进取，开拓创新，科学合理应对各种外在环境对企业带来的影响。

随着信息化时代的到来，知识已经成为一个企业核心竞争力的重要组成部分，要将管理理念的转变落实到对知识的储备和管理工作中来，要充分激励研发工作人员的创造性，要尽最大可能解决好成员价值和企业价值之间的关系。

促进员工的全面发展。以往的管理理念重在整体目标的实现、商业利润的获取以及眼前既得利益的最大化实现，却忽视了员工的成长，在员工个人价值实现方面往往处于空白，企业的可持续发展性较差，不能够及时发挥员工的特长，及时创造价值。

企业管理理念创新工作中必须为员工的成长提供相应的平台，而重点则是帮助员工树立正确的、与企业价值观相互契合的员工价值观，帮助员工克服不健康情绪，推动他们综合素质的提高。如此，员工就可以充分发挥个人才智，全身心投入到工作中去，帮助企业迅速发展，并且实现个人价值，从而达到企业与员工共同发展的目的。此外，全面促进人的发展也能够帮助企业实现资源的优化配置，合理规避企业各项资源内耗。

第二节 核心竞争力理论观念对企业管理观念的影响

核心竞争力理论是企业战略管理研究和实践的重要内容，不仅为战略观的理论研究开拓了新的领域，而且对当代企业管理观念产生了重大影响，引导不少企业在日益激烈的竞争中取得了成功。

一、企业核心竞争力理论的内核

企业核心竞争力的思想可以追溯到亚当·斯密、阿尔弗雷德·马歇尔（Alfred Marshall）等的微观经济理论。1776 年，斯密在《国富论》中提出企业内部劳动分工决定企业的劳动生产率，进而影响到企业的成长，而企业核心竞争力理论强调企业之间的能力分工，企业内部的能力分工决定企业的成长。1925年，马歇尔提出了企业内部各职能部门之间、企业之间、产业之间的"差异分工"，并指出这种分工直接和各自的技能与知识相关。1959年，伊迪丝·彭罗斯（Edith Penrose）发表了《企业成长论》一文，她从分析单个企业的成长过程入手，对企业拥有的能够拓展其生产机会的知识积累倾向给予高度重视，特别强调了企业成长过程依赖于企业内部的能力资源。此外，乔治·理查德森（George Richardson）在1960年发表的《信息与投资》和1972年发表的《产业组织》、理查德·尼尔森（Richard Nelson）等在1982年出版的《经济变革成长论》、盖瑞·哈默（Gary Hamel）等在1990年发表的《公司核心竞争力》和1994年发表的《企业能力基础竞争论》等，都极大地推动了企业核心竞争力理论的发展。尽管企业核心竞争力理论目前尚无统一而严密的理论体系，不过在一些主要问题上已经达成了初步共识。

（一）企业本质上是一个能力集合体

从表面看来，企业的基本构成要素包括：1.有形的物质资源。如企业占用的生产场地、企业拥有的建筑物、企业生产经营活动使用的设备与各种工具器具、企业的存货、企业的库存货币资金与有价证券、企业对外投资形成的资产、企业的在途商品、企业雇佣的各类人员等。2.无形的规则资源。这些规则既包括有关法律、法规，企业内部成文的规章制度，也包括参与企业行为活动的各当事人之间达成的约定俗成的默契，还包括企业的伦理、道德、文化等。有形的物质资源和无形的规则资源，对企业来说都只是表面的和载体性质的构成要素，唯有蕴藏在这些要素之后的能力，才是企业发展的根本动力。企业的能力是企业长期积累和学习的结果，和企业的初始要素投入、追加要素投入、企业的经历等密切相关具有突出的路径依赖性。企业能力存在于员工的素质、战略规划、组织规则、文化氛围之中，由于路径依赖的作用和"能力"对企业整体的依托，企业的任何一个组成部分脱离企业之后，都不再具有完全意义上的原有"能力"，企业是一个特殊综合能力体。

（二）能力是对企业进行分析的基本单元

首先，对企业进行分析的最小单元，既不是单个的"人"，也不是"组织单元"（或称"团队"），而是反映企业本质的能力。能力的区分虽然具有一定的抽象性，不过并不妨碍对企业的深入分析，企业拥有的能力总是可以区分为不同的类别，如可以区分为一般能力和特殊能力，组织能力和社会能力、技术能力，市场开拓能力和管理能力，且每一种能力还可以细分。其次，企业的核心竞争力是企业拥有的最主要的资源或资产，企业能力可以从本质上把企业能够承担和进行内部处理的各种活动界定清楚，企业核心竞争力的储备状况决定企业的经营范围，特别是决定企业多角化经营的广度和深度。再次，企业核心竞争力的差异决定企业的效率差异，效率差异决定企业的收益差别。各企业的员工组成与能力、组织结构、经历、内部各组成要素的相互作用方式等各不相同，由此各企业在从事相同或不同的生产经营活动时具有了不同的能力，显示出不同的效率，表现在企业的技术水平、生产成本、产品特色、服务质量、市场位势等方面，并最终体现在获利的多寡上。企业获取"租金"的量由其拥有的核心竞争力的状况决定，企业获取"租金"的长期性由企业拥有的核心竞争力和积累的新的核心竞争力的维持时间决定。

（三）企业拥有的核心竞争力是企业长期竞争优势的源泉

一种特殊的看不见摸不着的"知识和能力"在企业的成长过程中发挥着关键性作用，在产品生命周期日渐缩短和企业经营日益国际化的今天，竞争的成功不再被看作是转瞬即逝的产品开发或市场战略的结果，而是企业具有不断开发新产品和开拓市场的特殊能力的体现。企业的长期竞争优势，源于单个企业拥有的、比竞争对手能够更加卓有成效地从事生产经营活动和解决各种难题的能力，现实的经营战略、组织结构、技术水平优势只不过是企业发挥智力资本潜能的产物。

（四）积累、保持、运用核心竞争力是企业的长期根本性战略

企业的战略可以分为市场战略、产品战略、技术战略等，这些职能战略是企业外在的和显性化的战略。在信息经济时代，任何企业单是依靠某一项或某几项职能战略，最多只能获得一时的优势，唯有追求核心竞争力才是使企业永久立于不败之地的根本战略。具有活的动态性质的核心竞争力是企业追求的长期战略目标，核心竞争力积累的关键在于创建学习型组织，在不断修炼过程中增加企业的专用性资产、隐性的不可模仿性知识等。

二、核心竞争力理论的缺陷

毫无疑问，企业核心竞争力理论力求追寻企业生存和发展最为本质的东西，但是，这个理论还存在缺陷和不足。

核心竞争力的论述的共同之处是：第一，强调核心竞争力的唯一性和不可模仿性；第二，企业核心竞争力的构建需要公司的重要资源和优势资源的支撑，且应具有战略持久性和价值创造性；第三，企业核心竞争力具有的可延展性几乎涉及企业的方方面面；第四，局限于企业内部，很少或几乎没有将目光投向企业外部去寻求企业核心竞争力和竞争优势。

核心竞争力理论的不足，首先表现在，这一理论至今尚未形成统一的企业核心竞争力概念，反映了这一概念的难以把握和人们对这一概念在认识上

的模糊性，这无疑会给理论研究和企业实践带来困难。二是这一理论目前还不成体系。其代表人物尼古拉·福斯（Nicolai Foss）承认，企业核心竞争力理论缺少像现代企业理论中科斯那样的代表人物，缺少一组严密的概念、基本命题和定理，有关研究人员对一些基本问题的认识尚不统一，与其说是一种"理论"，还不如说是一种"流派"或"思潮"更准确。三是核心竞争力理论在强调企业内在成长，强调企业立足内部能力的积累和运用以形成和创造战略优势的同时，关于企业对外部环境的适应的分析有些单一。在经济全球化的大趋势下，消费者需求的变化成为企业关注的中心。过分追求核心竞争力，会忽视需求和竞争的变化，错失商机。特别是在这样一个急剧变动的时代，稳定的经营环境、规律性的连续变化已鲜有出现，而不确定性和突发性事件不断出现在企业经营环境乃至社会环境中，企业不可能坐视不理。四是企业核心竞争力理论从根本上讲是一种企业成长理论、企业竞争理论，对企业战略管理之外的管理现象分析不够。五是核心竞争力理论在解释企业长期竞争优势的源泉的时侯，没有给出可行的、用以识别核心竞争力的方法，也没有针对核心竞争力的积累和运用提出可操作性的途径。由于核心竞争力的理论大多建立在对成功企业分析的基础之上，且对企业的发展阶段、规模类型等论及太少，导致实践中缺乏可操作性。

三、企业核心竞争力理论对当代企业管理理念的影响

企业核心竞争力作为一个带有里程碑意义的全新概念的提出，标志着企业战略管理理论发展第三阶段的到来。自 1990 年普拉哈拉德和哈默在《哈佛商业评论》一书中提出核心竞争力理论以来，核心竞争力观念对企业管理，尤其是企业战略管理理论与实践产生了极其深刻的影响。21 世纪的企业管理理念将因此发生六个方面的重大转变。

（一）从争夺最终产品市场占有率转向争夺核心性中间产品市场份额

核心竞争力理论认为企业之间的竞争虽然直观表现为企业最终产品之间的竞争，但从深层次分析，却是企业素质间的竞争。普拉哈拉德和哈默在《竞争大未来》一书中指出，企业间的竞争表现在四个层次上，并构成一个竞争层级。一是开发构成核心竞争力要素的竞争，二是对这些战略要素整合的竞争，三是核心性中间产品的竞争，四是核心性最终产品的竞争。这里的核心性产品就是指企业所拥有的，以产品形式出现的核心竞争力。显然，前两个层次是企业核心竞争力的形成和培育阶段，而中间产品和最终产品则是核心竞争力的载体和表现形式。企业之间的竞争直接表现为中间产品和最终产品之间的竞争。核心性中间产品的竞争是企业竞争层级中最关键的竞争环节，

把握了核心性中间产品的竞争主动权，就把握了整个市场的主动权，并将获得最终产品的竞争主动权。

传统的企业管理观念要求，企业应将体现其特长的最优秀的关键性产品牢牢掌握住，仅仅用于生产自己的最终产品。但是，企业的生产能力不一定是最优秀的，企业本身的生产能力有限，限制了其产品的市场占有率。其他企业为了竞争的需要，也被迫开发自己的产品，企业本身有优势的中间产品随时面临挑战。核心竞争力的观念则认为，只有企业的中间产品具有核心竞争力的典型特征（难以模仿或模仿的代价极大），企业就应该鼓励竞争对手采用本企业的关键性中间产品作为它们的生产部件，并使它们逐步形成对本企业所提供的关键性中间产品的依赖。如佳能掌握着激光打印机的驱动机核心技术，它不断把打印机的驱动机卖给苹果、惠普等其他激光打印机生产厂家。结果是，佳能打印机的驱动机市场份额远远超过了它的最终产品——激光打印机的市场份额。这样，企业不但控制了其他企业的最终产品市场，而且还阻止了竞争对手开发自己关键性中间产品的技术的尝试。

（二）从重视企业对环境的适应性转向强化企业自身素质

对于企业的寿命和盈利能力为什么有持续的、较大的差距这一问题，传统管理观念所给出的答案不尽人意。战略管理第一阶段安索夫的 ESO（环境—战略—组织相适应）模型，第二阶段波特的五种竞争力量（同业者、替代业者、潜在业者、供应者和购买者）行业模型等，都侧重从企业所处的行业环境切入，将竞争分析的注意力重点放在企业的外部环境上，认为行业性质是企业盈利水平的决定性因素，即市场结构是决定行业内部和行业间的绩效差异的主导力量。因此，市场结构分析成为企业制定竞争战略的主要依据。这些理论都强调企业战略对环境的适应性，战略要跟随环境而变化。

但目前的研究结果否定了这一解释。Rumelt 的实证分析表明，产业内部长期利润率的分散程度比产业之间长期利润率的分散程度大得多（统计资料显示，产业内企业之间的利润分散程度是产业之间的3—5倍）。根据这一统计结果，Rumelt 强调，企业超额利润的来源最主要的不是外在的市场结构特征，而是企业内部资源禀赋的差异。实际上，战略跟着环境走，在环境变化日益剧烈的情况下，极容易导致企业决策的易变性和战略的非连贯性，这正是企业制定战略时所要避免的。

核心竞争力理论认为决定企业长盛不衰的根本性要素是企业自身的素质。换言之，对于企业的竞争优势来说，企业内部条件比其所面对的外部条件更具决定性影响，企业获取超额利润和保持长期竞争优势的关键就在于企业能力、资源和知识的积累。与传统管理理论不同，核心竞争力观念强调将竞争分析的注意力集中到企业自身上来，以培育企业核心性的竞争能力为主攻方向，以创造企业可持续性的竞争优势为战略目标，不断提高企业自身素质，以确保企业在激烈的竞争环境中长盛不衰。

当然，毋庸置疑的一点是，具有核心竞争力的企业无一例外地表现出对环境的强适应性。但这不在于他们的战略制定得多么好，而在于其自身的高素质决定了其能对环境的变化做出迅速的反应。可以断言，不具有核心竞争力的企业即使发现了环境中的机会和威胁，也难以抓住机会或避开威胁。

（三）从注重做好全面管理转向注重集中做好关键环节的管理

企业经营环境的复杂性和企业规模的扩大，使企业管理变得越来越复杂。传统的企业管理注重管理的全面性，要求企业做好经营管理的方方面面的工作，诸如全面质量管理、全面营销管理、全面财务核算管理等，希望企业全员都来重视管理、参与管理，把所有的事情都做得很好。实际上，由于资源的有限性，这是很难做到的。稀缺资源的平均用力，只会导致事事都管，但事事都管不好的结果。

企业经济学的本质是研究如何优化配置稀缺战略资源，以有限的投入得到最大产出。核心竞争力理论提倡集中的原则，它强调企业要把自己的物力、人力、财力投向企业经营管理的关键环节上去，而对非关键的环节仅要求做到合格，达到正常运转状态即可。只要关键环节得到强化，就能带动其他环节的提升。而要做到这一点，就必须集中使用资源、精力和时间，创造关键环节上的绝对优势，形成企业核心能力。从竞争角度考虑，一个企业方方面面的工作不错，只能保证企业的一般性竞争力较强，仅能具备一般性的竞争优势。只有企业某一关键性竞争力比竞争对手优越时，才能使企业具备独特的竞争优势，才能确保企业获得长期的竞争主动权。

（四）从横向多元化扩张转向业务归核化发展

横向多元化与上下游一体化发展不同，它是向其他非相关的事业域延伸的另一种发展战略。企业横向多元化发展是传统管理观念的必然产物，也是企业发展的一种内在本能，其诱因可能是：企业所面临的环境不断出现各种商机，对企业产生强烈的诱惑；或主业经营不顺，需寻求其他行业机会；或追求发展规模等等，致使20世纪八九十年代多元化经营战略流行成风，并成为不少企业主导性的或重要的发展战略。然而，许多研究与现实证明，企业横向多元化经营战略是风险性最大的一种发展战略。当企业迈进一个自己不熟悉的事业域时，尤其是当新事业域要求企业所应具备的关键性能力与企业现有能力不相吻合时，企业就会失去自身优势，变得十分被动，难免招致失败。即使情况没有如此糟糕，也因此分散了管理层的时间与精力，摊薄了资源，弱化了主业，使企业根基动摇，最终可能导致全盘被动。

核心竞争力观念提倡企业经营业务归核化，有两层含义：一是回归主业，二是回归以核心竞争力为"轴心"的同心多元化。20世纪90年代国际上出现企业回归主业的发展趋势是对七八十年代企业多元化热的一种反思和逆动。企业从伸展递延的多种事业领域里，纷纷向自己原有的或者认为有优势的领域收缩。回归主业者认为，强大的主业是企业生存的基础，强调要集中精力将主业做好做强。值得指出的是，归核化并不是简单地反对多元化，而是反对没有根基的多元化。同心多元化比无关多元化成功率高，这一点早已成为人们的共识。但这"圆心"是技术，是市场，还是别的什么，并没有定论。核心竞争力概念明确指出：企业成功所依赖的同心多元化的"圆心"就是企业所具备的核心竞争力。凡是企业核心竞争力优势能得到较好发挥的事业领域，就是企业多元化战略有把握成功的新领域；凡是企业核心竞争力优势无所作为或不能很好发挥作用的地方，企业多元化战略往往要失败。因此，企业在考虑选择多元化战略的新事业领域时，必须准确判断该领域（行业）所要求的关键性能力是否能与企业核心竞争力相匹配。

（五）从争取分散企业风险转向努力增强企业实力

传统管理理念强调，"不要将鸡蛋装在一个篮子里"，或者是"东方不亮西方亮"，这也是企业横向多元化经营的重要理由与动机。这种以保守方式被动应对风险的经营思想，是一种消极的经营理念，很难使企业有大的作为。一旦每一个事业领域都遭遇到困难，企业就会完全陷入被动。为回避风险而分散力量的做法，将可能导致每一部分都被削弱的结局。

核心竞争力理论强调应对风险要从消极被动转向积极主动，只有强化企业自身的素质，才能增强抵抗风险的能力。这样，即使在行业大起大落的情况下，企业也能取得超过行业平均水平的市场回报。企业要努力把核心业务做大、做强，通过对核心业务领域内资源与能力的整合与升华，加快对核心产品、核心技术和核心能力的培育，形成自己的核心竞争力。以不变应万变，才是应对风险的根本性对策。核心竞争力战略要求企业对其所在行业内外环境的未来变化有深刻的洞察预见力，及时提升未来所需的核心竞争力；要求企业对现有的核心竞争力不断地进行调整、补充和完善，以确保其在行业中的领先地位，使企业具备更强的预防和应对风险的能力。

（六）从追求规模经济效益转向培育持续性竞争优势

在比较中国企业与国外企业，尤其是全球"500强"的差距时，绝大多数人都持这样的观点：中国企业规模太小，为此，要应对加入WTO后的严峻形势，就必须建造中国自己的"航空母舰"，企业必须做大。这一思路背后的经济学理论基础就是传统管理学的规模经济理论。随着企业规模的增大，产品的固定成本分摊降低，有条件采用更先进的生产工艺和拥有自己的部门，与经销商谈判能力增强，能获得规模市场和营销的好处等等。也就是说，规模大的企业具备单位产品成本低的优势，能够获得规模经济效益。然而，在很多情况下要把企业做大是很困难的。建造大规模企业需要大投入，即使资源没问题也要受到市场的制约，能否在激烈的市场竞争中获得足够大的市场份额来支持这样大的规模，能否避免"大企业病"等等，都是难以预料的问题。核心竞争力理论认为，企业首先要"做强"，而不应该是"做大"。波特认为："竞争战略考虑的是，企业如何在各个行业中创造竞争优势。公司战略的目的是，让整个企业的力量大于旗下各事业单位力量的总和。"企业只有做强了，才有条件做大。即便是受条件限制，无力做大，中小企业仍然可以通过培育自己的核心竞争力，来取得独特的竞争优势，保持长期性的竞争主动权，获取高于行业平均水平的利润回报，这是一种"核心竞争力经济效益"。因此，核心竞争力理论不但对大企业，而且对中小企业同样具有十分积极的意义。

以上企业经营管理观念上的变化可归纳为两个根本性的要点：一是从资源优化配置角度出发，企业将从原先分散配置战略资源转向集中配置战略资源。二是从培育竞争优势出发，企业将从原先的培育全面性竞争优势转向培育差异化竞争优势。作为迅速兴起的一种新型的企业理论和企业战略管理理论，企业核心竞争力理论显示出独特的生命力。这一理论打破了传统的"企业黑箱论"，并对数十年居于主导地位的现代企业理论提出了挑战，把经济学和管理学有机地结合起来，既从本质上认识和分析企业，又植根于企业经营管理的内部事项，对于我国企业理论的深入研究，对于企业的成长，都有特别重要的意义。

第三节 新形势下企业管理理念的发展与创新

科学的管理理念是引导企业快速发展、稳定成长的灵魂思想，对企业的发展至关重要，企业可以运用科学的管理理念，对企业内部各种活动进行积极引导，使企业在日益激烈的市场竞争中保持不败的优势地位。通过科学的管理理念的引导，使企业的管理者可以充分利用现实竞争环境中的各种机会，适当调整企业的发展战略，从优化企业内部结构、制定企业发展的长短期目标、企业市场竞争对策等方面对企业发展提供具体的指导，以推进企业的长远发展。而我国现代企业管理理念的发展中仍存在一些不科学的成分，对企业的发展形成一定的阻碍，因而新时期为了促使现代企业管理理念能够更好的作用于企业的长远发展，企业要根据自己所处的行业、市场竞争水平等多个方面影响因素强化管理理念的创新。

一、现代企业管理理念的发展

企业管理理念是随着企业的发展而产生并逐步完善的，西方发达国家的企业管理理念的发展，为世界范围内管理理念的形成与发展做出了巨大的贡献。在总结世界范围内科学的企业管理理念的基础上，我国也正在逐渐深化现代企业管理理念的发展与创新，但其中仍存在一定的发展阻碍。发展过程中只有不断发现并及时解决阻碍现代管理理念发展的影响因素，并结合我国企业发展的特点创新管理理念，才能为企业的发展提供正确的指导，促进企业的长远发展。

（一）现代企业管理理念的发展

1.古典管理理论阶段。19世纪末20世纪初，亚当·斯密与大卫·李嘉图的分工发展思想为后期弗雷德里克·泰勒的《科学管理原理》的提出与发展提供了一定的启示，而亨利·法约尔作为现代经营管理之父提出的《工业管理与一般管理》的提出为现代企业管理理念奠定了理论基础。

2.现代管理理论阶段。随着二战后经济理论由亚当·斯密的重商主义逐渐向凯恩斯的自由主义过渡，企业管理理论也随之出现了较大的变化，其中心理学家马斯洛的需求层次论与梅奥的人际关系理论成为重要体系，对现代企业管理的发展有极大的影响。

3.当代管理理论阶段。当代管理理论阶段是以电子技术与信息技术的迅速兴起为代表的，其充分融合了古典与现代管理理论中的优秀部分，根据企业发展的需求形成了具有时代意义的理论。

（二）我国现代企业管理的发展状况

随着各领域企业的快速发展，我国也逐渐形成了具有中国特色的管理理念，其对整个企业的我国企业发展的指导作用巨大。然而随着经济全球化的不断发展，其仍面临较大的挑战。

1.企业整体管理较为薄弱

我国很多企业发展过程中没有形成完整的管理体系，在有针对性的管理中处于落后，导致企业的竞争力与实际经济效益不高。从某种程度上讲企业管理水平已经成为我国企业发展的重要阻碍，企业管理的不完善不但影响企业内部发展的积极性，还不利于企业的外部竞争。

2.在日益激烈的竞争中处于营后局面

随着经济全球化，我国企业在发展中面临越来越多的竞争挑战，企业在经营、生产及管理方式上均与各国企业有很大差异，在新经济格局下，我国企业处于落后局面。为改变这种落后局面，我国企业在发展过程中必须结合我国国情与企业自身发展的特点，创新符合我国企业发展的管理理念，以推进企业的长远发展。

二、企业管理理念创新及运用

当今时代已进入科技、信息和知识经济高速发展的时代。市场竞争全球化与经营战略创新化，使得管理对象、管理目标和管理方式出现了新情况、新问题。不少企业管理者感到，一些多年被视为行之有效的管理方法与管理思维已不再能很好地发挥作用。这就迫切要求我们的企业家加快更新观念，以全新的管理理念推动企业更快发展。

（一）从管理就是控制转向管理是指导和激励

研究在市场经济中出色运作的企业的管理，不难发现，走出传统的"控制管理"，实施有效的"指导与激励管理"，是企业管理观念的变革与创新，更能充分挖掘出人的潜能。我国海尔集团从一个只有几百人的亏损小厂，一跃成为全国最大的家电企业和世界知名企业，一个重要原因就在于管理思维与实践的不断创新。其中充分体现指导与激励管理的"日清日高"管理方式，为企业全员提供了公平竞争和指导创新发展的企业环境。海尔集团公司总裁张瑞敏认为，管理的首要目标是出人才，海尔的"第一产品"是人才，然后才是销往市场的商品。通过指导与激励管理，发挥企业全员的创造性，这是海尔集团管理的根本所在。

传统的管理科学认为，管理就是控制，企业经理的主要工作就是控制员工的行为，确保圆满地完成公司与经理为员工制定的工作任务。目前，这一管理理论已经不能满足企业市场化运作对管理的要求。实践证明，管理已不再是传统意义上的控制，而是指导和激励。这是因为现代信息和科技网络覆盖企业生产与流通全过程，生产周期缩短，专业分工从金字塔组织逐步转向扁平团队组织，每个员工在本职岗位上即可了解全局，人们的知识、思维更新更具活跃性。因此，管理者应从控制转为指导与激励，注重提供服务、规划总体、确定战略和创造员工必要的工作条件与环境。经理的工作转为组织企业员工的激励活动，更能开创管理的新局面，带来更佳的管理效率与效益。

推行指导与激励型管理，需要企业家们从市场竞争的高度，更新管理观念与思路，认真研究企业员工的精神、物质需求变化，研究管理环境变化，制定相应的管理激励措施，并从组织上加以保证，以增强管理层的管理力度和灵活性，把指导与激励管理融于控制、监督管理之中，激励企业员工上下一心、克服困难，形成强大的创造力和凝聚力，不断去开拓市场。

（二）从管理就是步调一致转向管理是着力建立企业内部市场

传统的泰勒管理模式中最显著的特点，是把企业看作一个大机器，而企业的员工则是这一机器中的具体零部件，强调管理步调一致和工作的标准化，实施严格的程序管理，规范职工行为。时下，先进企业的管理者和发达国家经济学家普遍认为，泰勒管理模式已经过时。美、日和欧共体等国家的学者和企业家曾在法国里昂召开了一次管理问题研讨会，与会学者与企业家提出，传统的以"统一步调"、"组织者想，被组织者干"为特征的泰勒管理模式基础已发生了极大的动摇。过去稳是常规，变是例外；现在这些变是常规，稳则成了例外。世界变化快，企业管理模式也应跟上。在传统体制下，是上级设计出一套办法和产品，下级安安稳稳地执行，现在这些已经行不通了。管理的新观念是分散管理权限，下放权力，而不是把员工当成"统一步调"下的驯服工具。由此，不少中外企业家的实践是尽快从统一步调式管理转为建立企业内部市场，使管理更为有效。

企业内部市场管理方式，是一种企业非集中化或分散经营管理方式。这一管理把企业分立成能够各自对经营结果负责的自我管理单位，具有对迅速变化的外部市场环境较强的适应能力，具有极大的竞争灵活性。同时，分散经营的各单位又组成一个强大的企业整体。集团化，分散经营，相互利用与取舍，成为企业活力的源泉。我国红豆集团是较早提出并实践企业内部市场管理的企业，他们把集团分成若干个对外经营实体，既保持集团的整体性，又有各部门、各单位的分散经营性，从而增强了企业内部适应市场竞争的能力，推进了集团高效快速发展。这一管理观念的变化具有很强的现实指导意义。

（三）从管理就是在竞争中击败对手转向管理是组织产销联盟共同体

当今市场是竞争日益加剧的市场，企业要生存与发展，必须强化竞争管理。过去，企业市场竞争管理的一个重要观念，就是采用各种有效的方法，力求做到在竞争中击败对手，以赢得更为广阔的市场。研究企业管理观念的创新与发展，可非常清楚地看到，管理就是击败竞争对手的理念已被管理是组织产销联盟共同体的新观念所取代，市场竞争管理更倾向于联手合作，共同分享市场，各得其所。

专门从事全球商业与经济伙伴研究的英国剑桥战略咨询公司董事长兼总裁詹姆斯·穆尔提出了建立与发展商业生态系统的最新竞争管理理论。这一新的理论认为，当今的企业领导者，都不应再把自己的企业视为等级分明的组织结构，而应视为在市场复杂系统中的一个参与者，企业无论是要扩大市场占有能力，还是要开发新的市场，都必须与其他公司携手，培育以发展为导向的协作经济群体，其共同目标就是集中有效资源，创造出消费者可以实际使用的新价值。企业之间开展市场竞争，采取击败对方之策，会导致产品价格失常，企业竞争成本上升，外部竞争环境不断恶化。而组织协作经济群体，可以使企业改善市场环境，获得新的发展生机。现在，我们有不少企业仍存在"击败竞争对手"的陈旧管理观念，其结果往往导致两败俱伤，因此，迫切需要更新竞争管理观念，尽快跟上管理发展潮流。

（四）从管理就是企业生产过程的关系协调转向管理是强化顾客关系管理协调

传统的管理理论认为，协调好企业生产全过程的诸多矛盾与问题，强化企业生产、营销等各方面管是顾客，因此，强化顾客关系管理协调已成为企业管理观念更新的又一重要课题。

笔者曾到德国、法国等欧共体国家考察工业企业。在谈到企业管理变革时，德国一位企业家认为，近年来，人们比较重视通过重建企业内部机制强化管理，而忽略了顾客关系管理协调，这是有失偏颇的。时下，"企业的命运在顾客手中"，"顾客是企业利润的最终决定者"，顾客关系管理协调已上升为现代企业管理的核心。实行顾客关系管理协调是企业管理理论的创新，其管理内涵突出表现为以顾客满意为企业最高目标，顾客是企业经营的主要驱动力，企业管理组织的中心位置是顾客，新品开发、产品生产与服务必须围绕顾客进行并由其参与，企业采用顾客关系信息管理系统，对其变化的需求随时进行监测，指导企业提高顾客关系管理水平。其管理对象也不同于一般消费者，"顾客"的含义不仅是产品购买者、服务者等外部顾客，还包括内部员工即内部顾客，以及企业供应商和相关产品生产商，是一个由商品生产者、消费者、流通者为一体组成的"顾客关系管理系统"。现代企业家应当走出传统的管理思维，充分看到顾客关系管理协调的重要作用，强化顾客关系管理协调，适应日趋成熟的市场，加快产品创新及观念更新，培养更多的忠诚客户，营造企业员工满意的工作环境，从而使企业更适应顾客，使顾客更关心企业，推动企业市场化发展。

（五）从管理就是维系与继承转向管理是扬弃吸收和不断创新

将传统的有效的管理方式及具体内容，通过继承与维系的途径，在企业中组织实施，这是人们一贯的管理思路和长期以来的做法。随着改革开放和知识经济的发展，人们经验的吸收以及对实践的不断创新。

研究当代管理新观念可以发现，观念创新带动了管理方法与方式更新，出现了新的管理结合点：一是理性管理与非理性管理相结合。理性管理即以复杂的结构、周密的计划和定量分析等手段进行管理。但这已不适应知识经济时代瞬息万变的市场形势，还必须把依靠直觉与实践指导、灵活把握市场的非理性管理与理性管理结合起来。二是务实管理与务虚管理相结合。企业的务实管理主要是有形管理，注重企业发展与经营战略、企业体制、技术构成、成本效益等硬的方面。但仅注重硬的方面是不够的，还需要有务虚管理，即注重企业价值观、企业精神、企业人才培养等软的方面。三是组织管理与人的管理相结合。传统的严密组织结构，严重抑制了人的创造性。因此，新管理思维提倡以人为中心的管理形式。四是正式管理与非正式管理相结合。在通过企业正式会议、规章制度、有关程序管理的同时，大力开展非正式交流、会面，甚至进行单个拜访、生日庆贺等，这更具疏导与激励作用。五是层次管理与现场管理相结合。传统的分层等级管理已显出管理链长、管理者意图难以及时下达以及限制中间层次的创造性等弊端，应被现场管理所取代。国内外不少知名企业已提出并实施"零管理层"，由企业最高管理者直接管理到位。六是集权管理与分权管理相结合。除关键性管理权限相对集中外，更倾向于下放更多的权限，以利分散组织结构，更灵活地运作市场。在知识经济起主导地位的市场经济中，企业家唯有继承传统，加快吸收，不断创新，才能使管理思维与理念创新跟上时代要求，才能在竞争中立于不败之地。

第四节 现代企业人本管理理念创新分析

以人为本是实现可持续发展、是实现经济的快速发展的前提。企业实行以人为本对企业的人力资源的管理和企业的发展有着重要的指导意义。人本管理就是指以人为本的管理，这种管理模式需要从不同的角度将人作为中心点，万事以人为基础，只有这样才能让企业有更长远更好的发展。

一、人本管理及其主要内容

（一）人本管理的内涵

近年来，西方许多国家走出精密管理科学的殿堂，响亮地喊出以人为管理核心的口号，高举起人本管理的旗帜，在世界范围内掀起了企业管理的新思潮。那么，什么是人本管理呢？人本管理是以人为本的管理，它把人视作管理的主要对象和企业最重要的资源，新生个人价值，全面开发人力资源，通过企业文化建设，培养全体员工共同的价值观，运用各种激励手段，充分调动和发挥人的积极性和创造性，引导全体员工去实现企业的经营目标，依靠全体员工的共同努力促进企业的不断发展。它最核心的任务之一，就是充分调动员工的积极性和创造性以达到个人的自我价值的实现和企业的经营目标的实现。

（二）人本管理的主要内容

以人为中心的管理思想，即以人的管理为核心，以激励人的行为、调动人的积极性为根本，组织员工主动、积极、创造性地完成自己的任务，实现组织的高效益。人本管理的内容主要有：

1.员工是组织的主体

传统管理理论把劳动者视为生产过程中一个不可缺少的要素和管理的客体，而不注意发挥人的主观能动性。随着社会经济的发展，员工在企业生产经营中的重要作用逐渐被认识，形成了以人为本的管理思想。既然员工是组织的主体，那么管理就离不开员工的参与。在管理的权力分配方面，一般有两种模式：一种是高度集权，依靠严格的管理和铁的纪律，重奖重罚，达到组织目标统一、行动一致，实现工作的高效率；另一种是适度分权，依靠科学管理和员工参与，使个人利益与组织利益相结合，促使员工为了共同的目标而努力工作，达到组织的高效率。当今社会条件下，员工的基本生活已有保证，就业和流动较为容易，政治和社会环境比较宽松，采用适度分权、员工高度参与的模式无疑会更有效。只有全体员工共同努力，才能使组织的各项资源得到最合理的利用，取得理想的效益。

2.能级原则

为了使管理活动高效有序地进行以及组织目标得以实现，必须在组织系统中建立一定的管理层次，设置与各管理层次相适应的管理职责、规范与标准，规定相应的工作任务和权力，构成相对稳定的组织管理结构系统。然后，按照组织管理结构中各成员的个人能力情况，把他们安排在合适的管理层次和管理岗位上，按照能级对应的原则，充分发挥每个人的能力。管理者要善于发现员工的长处，根据实际工作的需要，做到用人所长。管理者还要注意加强对员工的培训，不断提高员工的个人素质和工作能力，使员工能够承担更具有难度和挑战性的工作，激发其工作积极性。

3.动力原则

组织管理的效益来源于组织的运行效率，而组织效率的提高从根本上说要依靠人的积极性。人的积极性的产生与维持需要某些动力，正确运用这些动力调动员工的积极性是管理者的责任。在管理活动中，管理的动力来源主要三个种：一是物质动力，指能够满足人的物质需要，并能由此激发人的积极性的因素。由于对物质利益的需要是人的基本需要，物质动力是员工工作的根本动力，也是企业经营管理的重要手段。不过，在使用物质动力时，应注意物质动力对不同人的激励作用的差异，对不同需要的人运用不同类型的物质动力，以获得最佳的激励效果；二是精神动力，指能够激发人的动机的精神方面的因素。与物质动力相比，精神动力具有强烈和持久的特点。由于精神性需要与人们的人生观、价值观相联系，所以一旦产生和确定，就能够成为强烈和持久的精神动力；三是信息动力，指外部社会与经济发展的信息中对人们起激励作用的因素。信息动力实则是一种竞争的动力。外部环境与组织间的信息交流，使组织能够获得世界发展的情况，了解市场需求，成为组织生存与发展的动力。

在管理实践中，三种动力要综合运用，根据管理的时间、地点、条件的差异，灵活运用管理的动力原则，并且要建立有效的管理动力机制。管理者必须通过有效途径，构造有效而灵敏的机制，控制和协调各种各样动力的方向，促进目标的实现。

二、理念创新的作用

理念是一种追求，一个企业的理念的就是企业全体员工共同的追求，企业的理念可用来指导员工的行为和作为，企业的理念能增加企业向前发展的动力，企业的理念的坚定性程度，对企业的经营活动有着重要的影响，可能会直接影响到企业的成败。对理念的创新是一个企业长远发展的基础，企业只有满足这个条件才能更好地发展，对企业的理念进行创新还有能帮助企业的领导队伍做出正确的决定，甚至还会影响到企业的长远发展或者企业管理的一些行为、企业的积累与员工（股东）分配之间的关系。对企业做出正确的决策正确的发展方向具有决定性作用。管理应当对组织的资源进行有效的整合，从而达到组织制定的目标的目的。理念创新在企业的管理中有着重要的作用。企业要适应时代的变化就必须制定出企业的理念，并且严格遵守企业的理念，企业应当将理念作为企业一切活动的导向，因为理念是决定一个企业成功的重要因素之一。从世界前 500 强企业的管理演变的历史中可以看出，一个企业要维持很长时间，它们的管理理念就必须随着社会的变化而变化，需要不断地创新，并将目标保持稳定不变。加入一个企业的管理理念没有创新，那么这个企业就失去了进取，也就没有了希望。

三、人本管理理念创新

国家需要富强，前提是经济富强，而经济富强离不开企业，一个企业的发展离不开管理，而决定企业管理能否成功就得依靠文化，由此可以看出企业文化的重要性。那个企业具有文化优势，那个企业也就在竞争中、发展中具有优势。时期不同、经济的背景对企业文化的影响非常大，企业企业家必须清楚认识到文化的重要性，时刻对自己的管理理念进行更新，不能以为自己已经成功了这套管理理念就一直有用，必须将目光放向未来，不断地对管理理念中的激励理念、服务理念、经营理念、人本理念进行创新，只有这样才能体现出企业文化应当体现的价值。

（一）激励理念创新

激励理论的基本思路，就是根据人的需要而采取一些相应的管理措施，用来激发人的动机、鼓励人的行为，让人产生动力。所以，人的工作绩效除了跟个人的能力相关以外还与受激励的程度相关。激励是指通过实现员工的个人需求以提高员工的积极性与创造性，引导他们在企业中的行为与企业的目标一致。对于企业管理方面，外企的员工在进入公司后，从面试到通过培训上岗，都重点强调个人的重要性，告诉每个员工公司非常重视你的存在，只要你努力做好相应的工作就有很好的发展机会，并强调告诉每个新员工，每个人都可能会出人头地。一般在情况下，员工的个人能力发挥会达到80%，个人的作用发挥会达到100%。

（二）经营理念创新

文化管理就是根据本企业的行业特点，制定一套具有本企业特色的文化内涵的经营理念。需要丢弃一些过时的经营管理理念，制定具有本企业文化管理特色的新理念。企业的经营理念的表现方面主要有：以市场为导向，以效益为中心，以创新为主题，以诚信为手段，从不同的方面去提升企业的核心竞争力。

（三）服务理念创新

服务理念决定着企业的长远发展，如果一个企业没有一套好的服务理念注定难走得远。品牌不是一个简单的名字、名词、符号或设计，品牌是它们的总和，每个品牌都有属于自己的服务理念，只有有区别与其他企业的服务理念才能使企业具有更高的竞争力。由此可见服务在企业的品牌的塑造中有着举足轻重的作用，同时也是决定企业产品的竞争力的一个重要因素。在企业文化管理中应当具有企业特色的服务理念。奔驰公司是世界上一个汽车行业的大企业。拥有了近百年的历史，奔驰经久不衰的法宝是"保你满意的产前服务"、"无处不在的售后服务"和"领导潮流的创新服务"的"三服务"理念。奔驰推出这些理念并且为这些理念做出了相应的行动，无论是市场营销还是生产过程以及技术创新等方面都严格实行了其服务理念。

（四）人本理念创新

从"人本管理"的各要素中可以发现，人是管理中的主要对象以及企业的主要资源。人本管理主要包括五个层次：情感管理、民主管理、自主管理、人才管理、文化管理，由此可见文化管理在人本管理中的层次最高，所以要进行"人本管理"就必须垫好前面几个层次的基础，并不断对人本管理理念进行创新才能达到文化管理的层次上来。在企业管理中印证了中国的一句古话，"得人心者得天下"，在企业中谁抓住了人，谁也就赢得了荣耀与财富。这也是"人本管理"思想的核心。

四、人本管理方式的选择和运用

实现以人为本的现代管理，在不同社会经济文化环境之中的企业，由于行业特点、产品性质、员工素质和管理水平上的差异，可以选择不同的具体管理方式，有以下几种管理方式可供选择：

（一）受控式管理

是指把对人的管理主要看作是通过行政指令、管理规章制度和标准等来限定和制约员工行为，并通过奖励等控制手段达到提高管理效率和生产经营目标。这种管理方式在生产力水平较低、员工素质不高，特别是那些新企业以及管理基础工作薄弱的企业是较为适应。随着生产力的发展和员工素质的提高，以及企业管理的正规化和制度化，这种管理方式的作用会逐渐减低，处理不当不可能不产生某些消极作用，甚至影响高素质员工创新精神和智慧、才能的发挥。

（二）自控式管理

是指加强员工的思想意识，使员工由被动逐渐转向主动，把企业的行政指令和规章制度转化为广大员工的自觉行动，把自觉地按照管理规范操作看作是自己从事生产劳动的一种自由与安全的保证。这种管理方式即继承了泰勒的科学管理的优点，又发挥了社会主义企业政治优势的作用，从而使员工严格按照管理要求进行自我操作、自我检查、自我控制。

（三）诱导式管理

这种管理方式要注重对员工提供发挥聪明才智的条件以及晋升和参与管理的机会，激励员工向更高的目标努力，以诱导员工努力工作，提高生产和管理效率。但对企业经营管理要求更高，管理基础工作要求更扎实健全。

（四）灵活式管理

这种管理方式在国外叫作弹性管理，是把管理看作既是一门科学，又是一门高超的艺术，针对每个职工的素质、需要和能力的不同，因时、因地、因环境而异，灵活机动，不拘一格运用不同的管理方式和激励模式，以达到企业管理的最佳效能。这种管理方式不仅要求管理者具有较高的灵活机动的管理艺术，而且要求企业多种激励手段运用得当，尤其是企业群体人际关系的协调、企业形象的塑造、企业文化和企业精神的培育等，都有十分紧密的联系。

（五）学习型组织管理

是一种全新的组织管理模式，就是充分发挥每个员工创造性的能力，努力形成一种弥漫于群体与组织的学习气氛，凭借着学习、个体价值得到体现，组织绩效得以大幅度提高。其核心就是如何改变组织成员的思维模式，如何建立组织成员的共同信念。建立学习型组织的关键就是通过组织学习来有效地开发组织的人力资源。这种管理方式有利于整合与共享组织信息和知识，有利于组织学习培育和加强团队精神，是对知识工作者的一种激励方式，而且是对他们自我实现愿景的强化，从而促进了知识工作者创造性的发挥。

对以人为本管理方式的选择与运用，应根据企业的内外环境实际需要出发，管理者可以采取以一种管理方式为主的几种管理方式复核并随机应变的运用。

第四章 经济管理体系下的现代企业组织创新研究

第一节 现代企业管理组织的发展与创新

任何组织机构都不是一成不变的，必须随着外部环境和内部条件的变化而不断地进行调整和变革。通过调整和变革组织结构及管理方式，使其能够适应外部环境及组织内部条件的变化，从而提高组织活动效益。

一、组织创新的基本概念

（一）组织创新的含义

组织创新是指形成的共同目的认同体和原组织认同体对其成员责、权、利关系的重构，其目的则在于取得新目标的进一步共识。组织创新理论主要以组织变革和组织形成为研究对象，它不是泛指一切有关组织的变化，而是专指能使技术创新得到追求利益的组织的变化。也有研究者却认为，组织创新是指组织受到外在环境的冲击，并配合内在环境的需求，而调整内部的若干状况，以维持本身的均衡从而达到组织生存与发展的调整过程。

（二）组织创新的特点

有学者认为，组织是对资源的一种配置方式，它包括对人力、物力与财力资源及其结构的稳定性安排。它与市场相对称。由此，组织创新意味着资源组合方式的改变。组织创新不论是在内容上、过程上，还是结构上，都表现出一些重要的特点：1.组织创新表现为企业功能的完善，即引入许多新的组织因素，进行一些内部结构的调整，以形成较为完整的企业功能。2.组织创新是各种社会组织之间的横向联合。3.组织创新是企业内部结构的不断优化。4.组织创新活动对企业目标和经济技术实力的依赖度很大。

（三）组织创新的类型

按主导形式分，组织创新有三种类型：市场交易型（A 型）、行政指令型（B 型）和混合型（指市场交易与行政手段相结合）。A 型组织创新主要依靠个体利益的诱导，当个体认为参加新的组织能获得大于先前所得的利益时，A 型组织就会出现；B 型组织创新主要依靠权力的驱动，当权力上层发觉重构认同能实现整体的新目标或使旧目标更好地实现时，B 型创新就会发生；混合型创新介于其中，它广泛存在于组织与市场共存的相互作用体系中。

按完成的手段分：组织创新也有三种类型：一是兼并型，二是分割型，三是创建全新组织型。

按组织范围大小和组织成员的多寡分：组织创新可以表现在三个层次上，即：制度创新、产业组织创新和企业组织创新，这三个层次相互贯通，互为前提。

组织创新的内容，还可以划分为：人员、观念和文化的创新；组织结构和职权划分的创新；组织任务和流程的创新。

二、组织创新的驱动因素

所谓组织创新的诱导因素是指那些促使企业进行组织创新或人们对组织创新感兴趣的因素。归纳起来，关于组织创新诱因的研究大致有"三因素"说、"两因素"说、"单因素"说等几种观点。

"三因素"说中：有学者认为，组织创新的诱因有技术推动、市场导向、政府调控三种模式。技术创新过程就是技术从无到有、从思想到实物、从不成熟到成熟、从实验室走上市场的过程。这个过程要求并推动与之相适应的组织形式的变化与创新。市场诱发下的组织创新主要服务于创新性技术成果的商品化，形成以技术市场为依托的各种组织形式。也有学者认为，不同的组织存在形式是组织在技术要求、内部管理的有效性和与外部环境进行交易的费用这三者之间的权衡的结果。首先，一定的技术要求有相适应的组织方式和结构。其次，由于组织所包含的是具有各别利益的主体，因而它的存在是以个别对目标的共识为先决条件的；另外，组织作为目的认同体在实现共同目的的过程中需要合理地配置其成员的责、权、利关系和他们与资源的搭配。因此必然要付出一定的内部管理费用。第三，组织总是存在于一定的环境中，组织的功能总是通过它与外部环境的交易体现出来。有交易就有交易费用，它来自制度对权利的模糊界定，也来自客观存在的物理上的距离和语言、文化心理、民族习惯上的差距，这些交易费用是市场运作的费用。只要存在市场，组织就不能回避。外部交易费用从另一个角度决定了组织的规模及其存在方式。

新制度学派认为，组织创新有三方面的来源：一个是要素相对价格的变化，一个是经营规模的变化，还有是发明的结果。在第一种情形下，企业将面临某一要素相对价格的降低。在给定的时间内，它将会改变生产流程，从而更多地利用那些投入要素相对便宜了的生产流程，较少使用相对价格上升了的生产流程。就第二种情况而言，如果某些流程的资本投入不是无限可分的，那么，市场规模的扩大可能会使企业改变它的要素组合，以使用更多的资本而较少地使用劳动。另外，有些安排创新并不依靠要素价格或企业规模的变化，它们只是发明的产物，完全取决于关于创新安排的知识的扩散以及现存安排的寿命。

三、传统组织结构及其对组织创新的影响

传统的组织结构通过强调理性思维和决策的作用，解决了组织环境和员工人际关系的不确定性。

组织结构的运行必须严格遵从法律和规章制度。因为在组织环境中，个人更关注自己的"任务"和"等级"，而不是新观念的产生和问题的解决。当代的市场发展的实践证明，组织的各个组成部分之间经常性的、开放式的交流对于创新性产品的开发是至关重要的，传统的组织结构不但会引起保守的思想，而且会妨碍有效地解决问题和交流信息。

传统组织结构对创新的消极影响的一个后果，就是由于上级对下级所从事的专业领域内的工作并不熟悉，由下级提出的新颖性观念因此可能会遭到否定。因为每个官员的知识仅仅局限于自己的专业领域之中。如果上级缺乏下级任务范围内的专业知识，那么他们就有可能否决有价值的观念。所以，有潜在价值的观念就有可能失去证明其价值的机会，从而个人的创新潜力在组织的管理层就被预先扼杀了。

早在 20 世纪 50 年代，默顿的研究发现，如果组织长期任用具有官僚主义倾向的个人就会引起对官僚主义的认可，这样就更加抬高了官僚们在组织中的地位和资历。具有官僚主义倾向的人在组织中长期留用还会使人们过度地受到规则的制约，从而产生反创新的思维模式。盲目遵循熟知的规章制度导致了组织目标的转移，规则成为目的或最终的价值，而不是实现更高的组织目标的方法和手段。所以，在这样的组织中，具有官僚主义倾向的个人经常阻挠创新的产生和发展。

近年来，越来越多的研究者意识到传统组织运作机制以及决策机制的不

合理性和对当代社会变化的不适应性。而且越来越多的人意识到，在现代商业社会里，快速变化的组织活动要求组织中的个人能够接受模糊不清的事物，而不是永远小心谨慎地做出结论。因此，组织在处理复杂的综合信息时，个人创新潜力的发挥也就显得更为重要了。

四、组织创新与企业的可持续发展

面对竞争，企业只有不断地创新才能生存和发展。无论是企业技术创新还是企业的制度创新，都需要企业组织创新的有效配合。

（一）组织创新要致力于企业的核心能力提高

从根本上说，组织创新要有利于培育、保持和提高企业的核心能力，赢得竞争优势。在短期内，企业的竞争优势来源于其当前产品的价格及性能属性。从长远看，企业竞争优势来源于比对手更低的成本、更快的速度去发展自身的能力，来源于能够生产大量具有强大竞争能力的产品的核心能力。企业的核心竞争能力表现为特殊性，与众不同和难以模仿。无论是知识经济，还是信息经济，人越来越成为核心竞争能力的最重要载体，人力资源是最宝贵的。改变传统的组织模式在新环境下对人的束缚，极大地发挥人的主观能力性成为必要条件。因而，组织创新必须有利于企业核心竞争能力的提升。

（二）组织创新要致力于提高企业的动态能力

动态能力的基本假设是组织的动态能力能够使组织适应环境的变化，从而使组织获得持久的竞争优势。"动态"是指适应不断变化的市场环境，"能力"是指战略管理在更新企业自身能力以满足环境变化的要求方面具有关键作用。我们根据所知道的关于企业组织的理论很容易明白，组织的变革与创新的目的就是使组织不断适应环境变化的。可见企业通过组织创新以达到提升企业的核心竞争能力和动态能力，使企业生存、发展、壮大，实现可持续发展。从这个角度上来看，制度经济学所提出的"制度是第一生产力"是很有道理的，我们在这里可以解读为，组织创新是组织不断发展壮大的最重要的驱动因素。

反之，企业的可持续发展也使企业积累了宝贵的创新精神和创新经验，积累了组织创新的必要资本。可见企业组织创新与企业成长是一种互为因果，相互促进的关系。

第二节 团队理论在现代企业管理中的应用

早在 1987 年，美国学者 Gist · Locke 和 Taylor 在其关于组织行为的评论中就提道："现代团队的一个主要挑战已不仅仅是团队内部的合作，而是怎样才能使各个团队之间更好地合作，然而，现在大量关于工作团队的研究都只关注于团队内部的各个环节，而忽略了团队与组织中其他团队的相互依存性。"由此开始，基于多团队的理论研究逐渐兴起。直到 2001 年，Mathieu · Marks 和 Zaccaro 才提出了多团队系统理论（Multi Team System Theory，MTST），该理论超出以往对单个团队的研究，并将其作为组织活动系统一部分的团队研究中独立出来的一种新视角和研究方法，它以多维度、多水平、多目标的结构层次模型来观察企业团队的运作方式，是团队理论的一种创新，为我们解释跨团队组织形式提供了新的理论框架。本文将从四个方面对近年来有关MTS 的研究成果进行综述，并在此基础上对其在现代企业管理中的应用进行探究。

一、多团队系统理论

多团队系统理论是一种把多个相互依存的团队所组成的群体进行多维度、多目标分析的新方法，其分析核心便是多团队系统（Multi Team System，以下简称 MTS）。目前，国内外对于多团队还没有统一的定义，主要有以下几种说法：

Mathieu · Marks 和 Zaccaro 在引进多团队系统理论来描述多团队系统运作的主要特征时，将多团队系统定义为，"由两个或更多得在遇到外部不测事件时能够通过直接交流且相互依存的方式完成共同目标的团队所组成的系统"。其主要强调了在遇到突发事件时，多团队的领导效能问题。

Liu 和 Simaan 在研究多团队的决策机制时，从多团队间的博弈角度出发，将 MTS 定义为，"由多个相互竞争的团队所组成，并且每个团队都有多个决策者，他们为达到自己的团队目标而通力合作"。

Martin 和 Katharina 在研究多团队项目的依存关系管理时，则是将多团队与项目开发团队相结合对 MTS 进行了界定。作者认为 MTS 是指"由多个相互依存的子团队所组成，各子团队负责完成产品的一个部件，并与其他团队相互合作、不断沟通，最终完成整个产品的集成"。并且，作者认为多团队主要分为两个层次，在底层的往往是一些跨职能团队，在上层的是项目管理团队。

相比而言，Humphrey（2007）对多团队的定义更为宽泛。在研究 TSP 时，作者将多团队定义为"任何拥有一个以上工作单元的团队"，其中工作单元是指拥有共同计划、已定目标和一组角色管理者的小组，小组还共享一个共同的工作场所，仅有一名团队领导。

综观上述对多团队定义的不同描述，可以明显看出其不同之处主要源于研究者描述的视角存在差异。基于以上观点，我们认为 MTS 主要有以下五个基本特征：第一，MTS 由两个或两个以上子团队组成。这里的子团队是指传统意义上的团队并且我们可以将之定义为，"由两个或者更多的人所组成，他们相互影响、充满活力、相互依赖、相互适应，为共同的目标而努力，他们生活圈有限，在工作中扮演不同的角色，同时对总体绩效目标的达成也会有不同的影响"；第二，组成 MTS 的各子团队都是独立实体；第三，子团队在输入、过程与输出上至少要与一个以上的 MTS 子团队有依存关系；第四，MTS 是一个开放的系统；第五，各子团队的分目标至少要与 MTS 总目标的一项指标相联系。

二、多团队系统理论的主要观点

在对国外学术研究的追踪中，我们发现关于 MTS 的研究主要集中于多团队的领导、多团队与产品研发、多团队与复杂系统三个方面，同时也有多团队的决策机制、多团队过程及子团队与多团队关系方面的研究，但这方面的文献较少，相对于复杂地多团队系统来说，研究尚不深入。

（一）多团队领导关系研究

DeChurch 采用低仿真战斗机飞行模拟任务的方式研究了多团队领导的两个功能——战略开发（strategy development）与协作促进（coordination facilitation）——对多团队绩效的影响。她招募了 384 个心理学和商科学生，构建了 64 个 MTS，借助实验室中的相关设备模拟了 F-22 战斗机作战过程。每个多团队系统包含 3 个两人团队，其中两个团队是飞行团队（负责驾驶飞机并摧毁目标物），一个是领导团队。第一次研究主要关注于心智模式、团队协作对多团队绩效的影响作用。研究发现，对领导团队进行战略开发方面的培训，能使 MTS 表现出更好的心智模式、更好的跨团队协作以及更高的 MTS 绩效；对领导团队进行协作促进方面的培训，能使 MTS 表现出更好的团队内协作，但团队或多团队的工作绩效水平却不是很高。第二次研究主要考虑功能型领导（functional leadership）的调节与中介作用。研究发现，两种领导培训（战略开发培训与协作促进培训）都能提高功能型领导能力与团队协作，并且功能型领导行为与 MTS 绩效有正相关性；研究还发现，功能型领导对两种培训与多团队协作的关系有调节作用，而跨团队协作对多团队领导与 MTS 绩效的关系具有完全中介作用。

DeChurch·Shawn 等再次对多团队系统的领导进行了深入研究。本次研究有三大亮点值得一提：其一，作者考察了极端情况下（如应对自然灾害，战后的稳定、支持、过渡和重建工作等）的多团队领导；其二，作者采用历史测量分析（historiometric analysis）对 110 个大型案例进行了研究；其三，作者研究了功能型领导在子团队内部、多团队内部及跨多团队边界三个层次的战略开发与协作促进功能。该研究颇有发现，作者提出了多团队功能型领导的几个假设（如功能型领导者的战略行为对多团队系统的过程、表现状态和绩效有正向影响，功能型领导者的协作行为对多团队系统的过程、表现状态和绩效有正向影响等），为以后进行实证性多团队领导研究打下了坚实的基础。

（二）复杂系统中的多团队

正是由于现有的团队理论不能够解决跨团队协作问题，才提出了多团队系统理论。可以说，多团队系统是"实现一些太大而不能通过单个团队的独立运作而实现的目标的工具"。在这种情况下，多团队系统要表现出两种特征：规模的庞大性与地域上的分散性。

Mark，Gerard 和 Swee 研究了应对民间急救时多团队系统的交互记忆系统对多团队绩效的影响。研究数据来自英国举行的一次测试救援系统健壮性的演习。演习分三次，研究人员将每次演习的所有参与者看成是一个 MTS，他们来自不同的组织（警局、消防局、医院、政府、私人企业、环境组织、媒体等），共同完成演习任务。每次演习结束后，每个参与者都要完成一份问卷，以测量各变量。研究发现交互记忆系统与 MTS 绩效呈正相关性，且这种相关性要通过沟通的中介作用。DeChurch·Shawn 等在研究复杂系统的多团队领导时，将研究环境选定于灾害应对系统、省级重建团。之所以选此作为研究环境，在于这些多团队系统"包含大量来自于政府及民间组织的团队，并且任务的紧迫性要求领导者在瞬间做出事关生死的决策"。这两类文献都考虑到了多团队系统的规模，反映了多团队在应对复杂性社会问题时规模庞大性特征。David 和 Michael 以案例分析的形式研究了大规模分布式会议的多团队运行。作者选取了一个名叫"ManagerJam"的大规模会议，它有三个特点，其一，规模庞大，有 30，000 名经理人被邀参加会议；其二，持续时间长，会议连续进行长达 48 个小时；其三，分散式，会议背后有一个分布式 MTS 在提供支持。Alan 同样以案例分析的形式研究了一个由 1 个主导企业与 20 个合作组织所组成的虚拟多边开发组织的协作工作。主导企业与合作组织共同为开发一个大型航空航天产品而努力，主导企业拥有总体设计权，合作组织都有自己的工作人员，他们负责开发被承包的子系统。同时，各组织间（除了极少数组织在极少数时间外）处于虚拟沟通状态。这两类文献除了考虑到多团队系统规模庞大的特征外，还考虑了多团队系统在地域上的分散性，同时还涉及了多团队虚拟沟通问题，反映了多团队分散性与虚拟性的特征。

（三）产品研发多团队研究

Mathieu 在提出多团队系统的概念时就说："跨组织新产品的研发将是多团队系统的应用领域之一，特别是一些大型复杂产品的研发"。以 Martin Hoegl 为代表的国外学者的研究是对多团队系统在产品研发方面应用的实践。虽然在研究中作者并未明确提出"多团队系统"的概念，但其关注维度如"跨团队协作"、"多边组织"、"任务互依性"、"多团队研发项目"、"分布式协作"等已经与多团队的理念不谋而合。Alan（2003）以植入式案例研究的方式，考察了在由多个企业或多个团队所组成的虚拟多边开发组织（virtual multilateral development organization，VMDO）中各联盟企业是如何开展协作的。这个组织负责联合开发一个复杂的航天产品，各个团队在地理上相互分离，之前没有或很少有相互合作的经验。作者共进行了 78 个半结构化访谈，访谈对象为 29 个供应商代表，参加 160 个会议并阅读了大量的技术和管理文件。研究发现，主导企业制定各供应商团队关于工作内容和时间期限的强制性标准能够有效促进团队协作，并进而促进整合工作模式（integrative work patterns）的出现。

Martin 和 Katharina 对一个由 39 个团队组成的大规模新产品开发项目进行了长达 36 个月的研究。他们考察了"项目整合与支持"和"团队间交流管理"两个变量在新产品的概念形成阶段和开发阶段对新产品开发绩效（质量、成本和时间）的影响。"项目整合与支持"是项目层次的变量，指项目的领导团队统筹整个项目的进展，明确每个团队的任务及在整个产品开发过程中的位置。"团队间交流管理"是团队层次的变量，指各个团队内部明确和外部其他团队间的关系，即明确本团队和其他团队在信息、产品和服务上的相互关系。研究发现，"团队间交流管理"在产品"概念阶段"特别重要，显著提高了该阶段的绩效；而"项目整合和支持"在产品"开发阶段"更为重要。同时，作者还检验了跨团队协作、项目承诺（project commitment）、团队界面管理等对产品开发的"概念阶段"和"开发阶段"的影响。

（四）多团队研究的其他方面

多团队决策机制研究。Liu 和 Simaan 认为，在多团队决策系统中，决策者的竞争与合作同时存在。作者引进了一种新的方法——非劣纳什法（Non-inferior Nash Strategy，NNS）来解决多团队决策问题，该方法融合了团队理论中的非劣帕累托合作解决方案和博弈论中的纳什非合作解决方案。

多团队过程研究。Marks·DeChurch 等仍以低仿真战斗机飞行模拟任务为实验平台，考察了 MTS 的过渡过程（transition processes）和行动过程（action processes）对多团队绩效的影响，同时还比较了团队内部行动过程和跨团队行动过程对 MTS 绩效影响的差异。研究发现 MTS 的过渡过程、行动过程和 MTS 绩效呈正相关性，跨团队的行动过程比团队内的行动过程更能促进 MTS 绩效。研究还发现，当跨团队互依性高时，跨团队过程对 MTS 绩效的预测比在跨团队互依性低时更准确。

多团队与子团队关系研究。John·Peter 和 Charles 考察了团队成员的自我管理能力对多团队绩效的影响以及团队凝聚力对两者关系的调节作用。他们调查了一家半导体生产企业的 21 个 MTS，共 97 个自我管理团队，716 个团队成员，平均每个 MTS 包含 4.23 个团队，每个团队有 8.04 人。研究发现多团队中子团队成员的自我管理能力与多团队绩效正相关，如果多团队由凝聚力较高的团队构成，那么两者之间的关系更为积极。

多团队这几方面的研究虽然独立性较强，但却存在着一定程度的交叉与互补。其相同之处在于关注多团队系统作为一个独立的实体，其内部子团队间既独立工作又相互依存，按照一定的多团队过程，共同在多团队内领导团队的指挥下完成某一单个团队所不能完成的任务。以下，我们就多团队系统的现有理论在现代企业管理中的应用进行探讨。

三、MTS 在现代企业管理中的应用

（一）多团队组建工作

多团队系统可以有多种多样的组合，比如可以包括组织、政府部门、教育机构、军队以及运动员团队等实体，但常以两种形式而存在：组织内多团队系统和跨组织多团队系统。前者存在于同一组织框架之下以应对组织所面临的重大事情，后者一般要处理一些跨组织重大问题（如跨组织联盟、多项目团队、跨组织应急小组等）。两种形式的多团队在规模和分布上可能完全不同。对于前者而言，其可以处于同一办公场所以实现面对面的交流与协调，而后者则要以虚拟沟通、分散运行为基础。总之，不同的任务目标要求组建的多团队形式不同，这种差异又导致了多团队的运行方式变化多端。

如在房地产行业中，由于产品的不可移动性，多项目、多区域发展一直是困扰房地产企业做大做强的瓶颈，但是，从单一项目开发向多个项目同时

开发转变，从区域性房地产企业向全国性房地产企业发展，仍是当前房地产行业的扩张趋势。与之相应，房地产企业项目团队发展的趋势也从单一项目团队向多项目团队转化。房地产企业多项目团队是建立在单个项目团队基础之上的，是为实现企业战略目标而对各个项目团队进行统一管理的组织形式。

大型房地产企业如绿城等往往会同时进行多个项目开发，这种多项目团队的组织形式与传统的项目团队管理相比有着明显的特征。该组织在集团公司（或公司总部）下设多个子公司、分公司或项目公司，分别独立运作各个项目，实现企业多项目运作，跨区域发展。在企业总部设有职能部门，垂直管理各个下属公司的相关职能部门。这些项目公司的职能部门既要接受上级相关部门的业务指导，又要受项目公司的直接领导，能很好地解决企业多项目运作，跨区域发展的问题，成为目前大型房地产开发企业的普遍管理模式。

多项目团队目前已成为一种发展趋势，更多组织开始尝试这种管理模式，把企业内各个业务划分为不同的项目，由不同的项目团队负责，设定整体的企业目标，向各个项目团队进行分解。多项目团队由 IT 行业扩散至各行各业，一些企业的营销中心也开始采用这种模式，根据销售市场划分各个项目团队。

（二）多团队协作管理模式

不管多团队系统采取什么样的组织形式，子团队间都需要高度的互依性。这种互依性表现在三个方面：输入的互依性（如信息、机械、原材料等）、过程的互依性（如作业顺序、时间要求等）和输出地互依性（如产品、员工满意度等）。这种高度的互依性要求多团队内部紧密协作、高度协同、有效沟通，并要制定一些特殊的制度以保证系统的有效运行。

在对浙江中国小商品城集团股份有限公司（以下简称小商品城）的考察中，我们发现其独特的管理模式已经运用了多团队运作高度互依性的思想。小商品城总部下设九大职能部门：办公室、人力资源部、财务部、市场部、管理部、安保部、基建工程部、投资部、证券部。各个部门相互依存，紧密协作，共同构成了一个复杂的多团队系统。

通过考察，我们发现小商品城的多团队协作管理模式主要有四大特征：开放性，小商品城致力于实现由市场经营商向综合服务商的转变，投资了房地产、会展、广告等多个产业，初步形成了一条完整的产业链；层次性，小商品城是一个多个子系统构成的多团队系统，如集团市场部、市场分公司、市场信息服务分公司、驻广州办事处构成了一个子系统；多维性，集团安保部和各分公司的安保部根据专业维度构成一个子系统，而小商品城的市场部、市场分公司、市场信息服务分公司和驻广州办事处以业务相似性维度构成了市场部子系统；岗位交叉性，在多团队系统内，一个团队成员可能从属于两个甚至多个子团队，存在一人多岗、少数岗位交叉的情况，如某部门主管兼职副总等。

同时，小商品城基于多团队协作的人力资源管理模式是在引导机制、激励机制和约束机制的共同作用下运行的，主要表现在：通过在招聘中强调新员工的团队精神和沟通协作能力，在各部门间设立专有的沟通渠道，举办相互学习的专项会议及各部门间的友谊赛等方式使协作深入人心；通过设立公正的绩效考评体系与奖惩制度，并严格按照制度依法行事，避免了传统企业重视市场部而轻视工程部的现象；通过探寻适应自己企业的有效团队间协作规则，让这种规则明确化，并在企业、部门、团队中达成一个共识，使每个人、团队、部门在进行协作时都能自然而然地遵循这些规则，从而保证团队之间的协作具有统一的标准，防止"搭便车"现象的发生。

（三）多团队领导方式

在多团队系统中，领导团队主要扮演两个角色：战略开发和协作促进，前者包括行动前确定团队行动的顺序和时间、团队间如何有效沟通等，后者包括行动过程中的监控和信息传达等。以 DeChurch 为代表的学者对多团队领导者的这两种角色进行了多次由浅入深的研究，得出了许多可喜成绩，这对我们指导现实中的多团队领导行为提供了借鉴。

1. 领导者战略开发角色的作用

在多团队中，子团队之间是高度依存的，因此，高协作性的子团队会表现出高绩效水平。而领导团队通过有效地沟通战略计划又会提高跨团队协作水平。所以，作者认为跨团队协作会作为一个中介来调节领导团队战略开发上的沟通与团队绩效之间的关系。但是，事实并非如此，研究发现领导战略的沟通与团队协作正相关，团队协作与团队绩效正相关，而领导战略上的沟通与团队绩效却没有显著的相关关系。

同时，作者将心智模式应用于多团队系统中，并考虑了领导者行为对团队成员心智模式的影响。

已有研究证明了心智模式是有效团队协作的先决条件，作者通过探究心智模式相似性和准确性来预测多团队协作水平。结果表明，该原理在多团队层面并没有像在团队层面一样清晰。心智模式的精确性与团队协作的 BARS 等级显著相关，而心智模式的相似性却与协作指数不相关。在团队层面，心智模式的相似性对有效协作有至关重要的作用，因为即使在不断变化的环境中，团队成员仍可以通过他们对共享互动模式的理解来预测对方的行为。当前研究反驳了该逻辑，而认为是心智模式的准确性而非相似性与协作过程有显著关系。

那么，为了高效协作，在多团队中哪些人需要共享信息呢？我们认为：第一，领导需要拥有相似的知识结构以高效引导子团队的工作；第二，子团队的成员需要共享信息以完成相互依存的工作；第三，所有多团队成员都要有相似的知识结构以确保在行动阶段顺利应对各种情况。

2. 领导者协作促进的作用

领导团队在多团队中的第二个角色是在工作阶段为团队协作提供便利，先前有关团队领导的研究已经表明，行动阶段的行为比如监督绩效，提供反馈等对团队绩效至关重要。

领导者协作训练的确能提高领导者的协作水平，但只有少量数据表明领导者协作训练与团队协作水平相关。虽然作者预期领导者协作行为将会通过改善团队行为来提高绩效产出，但结果显示，领导行为与团队协作仅仅有助于预测绩效。将这些结合起来，我们可以发现，发生在工作阶段的领导者协作行为与一般的协作行为是不同的，它直接改善绩效水平而不是通过改善协作水平。

由此我们可以发现，两种类型的领导者行为都有利于提高 MTS 绩效水平，领导者战略开发通过提高心智模式准确性与团队协作，进而改善 MTS 绩效，领导者协作行为并不影响团队过程，其会直接改善整个系统的绩效水平。

综上，我们可以发现，虽然近年来对于多团队系统进行了一些研究，但是缺乏系统性。第一，对多团队系统的概念众说纷纭，还没有进行清晰界定；第二，基于多团队理论的领导能力研究涉及较多，而多团队背景中有关团队学习和团队协同等重要领域还未有相关性研究成果。第三，借鉴多水平、多因素、多层级、多维度的方法对多团队进行研究还是一个待开发的领域。第四，基于多团队系统的理论缺少说服力的实证支持。

在今天，企业之间的竞争也日趋激烈，特别是现代企业中多数依赖出口，其生存更是面临挑战。因此，压缩成本，提升企业竞争力是当前企业面临的首要难题。而多团队学习与协同不仅是提高企业研发与创新的重要因素，而且是提升企业竞争力的重要方式。所以 MTS 理论为我们提供了理论依据。近年来 MTS 理论在现代企业管理中已经得到了一些应用，但是还存在很多问题。第一，企业在快速扩张过程中，为组建多团队，往往会出现人才缺口无法及时弥补的现象；第二，企业目标与项目团队目标会出现矛盾。企业目标高于团队目标，但在具体工作中管理团队为实现项目短期目标，可能会损坏企业的品牌、声誉等长期目标；第三，各项目团队间的协调性差，很难建立起完善的协调机制等。

因此，结合当前企业实际对 MTS 的运转机制进行系统、综合的理论研究，对当前企业发展有着至关重要的作用，这是今后研究的一个重要方向。

第三节 企业人力资源管理的创新性研究

改革开放以来，中国经济、社会等各个方面都实现了空前的发展，人力资源管理更是经历了从计划经济体制下的劳动人事管理向现代人力资源管理的转变。在传统的人事管理中，人仅仅被视为"劳动力"，被看作是生产的"成本"，而在知识经济时代，由于关键资源是知识、技术和信息，而人是创造知识和应用知识的主体，因此人力资本成了最关键的资源。具体来说人力资本是企业员工所拥有的知识、技能、经验和劳动熟练程度的综合。

现代人力资源管理是指为了实现组织目标而对人力这一特殊的资源进行有效开发、合理利用和科学管理。它不仅包括人力资源的智力开发，还包括对人的思想文化素质和道德觉悟的提升，以及对人的现有能力的充分发挥和对潜力的有效挖掘。作为企业管理的基础性内容之一，人力资源管理对于企业的生存和发展意义重大。尤其是进入 21 世纪以来，"人才资源是第一资源"的理念已成共识，作为国家竞争力来源的人力资源已上升至国家战略层面的高度。

改革开放以来，无论是国有企业还是非国有企业都在根据自身情况不同程度地构建了人力资源管理体制和机制，为促进企业发展起到了重要的作用，而且随着企业的发展，也越来越注重人力资源的开发与利用。但是随着企业的进一步发展，人才资源都在不同程度上成为制约部分企业发展的瓶颈。主要表现在：核心骨干少，员工能力素质与岗位要求有差距；开发培养体制机制不够完善，有利于人才成长的开发培养、评价使用、激励待遇等机制尚不够健全，教育培训投入不够，培训的针对性、实效性不强；员工忠诚度不高，对企业文化、价值观等认同度存有较大差异等。

当前形势下人力资源的这些问题给企业的生产带来了一定困难，对企业实施人力资源优化配置提出了更大的挑战。人力资源管理是一门学科，也是一门艺术，既要有先进、前卫的管理理念与思维，也要有专业技术、方法，还要有领悟做人、处事的哲学与艺术。新的时期，新的形势下，人力资源管理也要与时俱进，开拓新思路，寻找新方法，通过学习借鉴外国发达国家与成功企业的经验，在现有人力资源的基础上摸索适应当前形势下人力资源管理的方法。

一、人力资源管理创新在新经济时代企业发展过程中的重要作用

（一）人力资源管理创新是企业深化改革的必然要求

要发展现代化的市场经济，实现全面的社会化大生产，企业必须要完善现代化的管理制度，如果要完善这种现代化的管理制度，企业内部就要加强内部人力资源的管理和开发工作，只有不断地挖掘出适宜企业发展的人才，才能够建立起适宜事业发展的现代化管理机制，全面实现企业的大规模生产。

（二）人力资源管理创新是可以提高企业的市场竞争力

对人力资源的管理进行创新，其本质就是对企业人才的创新，要发挥出人才工作的积极性，为企业创造出最大的效益，推动企业的技术变革，就必须要大力推进企业内部人力资源的管理创新工作，这样不仅可以帮助人才掌握更多的先进技术，也可以将人才的优势发挥到最大化，帮助企业开发出更多的产品，拓宽企业的发展市场，从根本上提高企业的经营利润。

（三）实施人力资源创新管理可以帮助企业打造一支优质的管理队伍

企业的管理水平高低在根本上影响着企业经营过程中的经济效益，企业管理队伍也是企业的核心因素，管理人员水平的高低，直接决定着企业经营的成败。因此，企业的发展急需要专业能力较强的管理者，从这一方面而言，企业只有不断地加快人力资源管理机制的创新工作，完善激励机制以及人才管理机制，为企业的管理营造出一个良好的环境，保证管理人员能够将全部的精力投入至企业的管理和经营过程中，实现企业效益的最大化。

二、我国企业人力资源管理创新的对策

（一）转变观念，真正树立以人为本的管理理念

在我国的许多企业，对人力资源管理作用的认识仍存在偏颇，其人力资源管理者未充分理解人力资源管理的重要职责是协调和监督，而是视之为权力集中部门，从而造成权限集中、管理脱节、有失公平和激发矛盾等问题，严重影响了企业的战略实施和创新发展的顺利进行。

要树立全体员工皆人才的"大人才"观念，将所有的成员都看作是企业的资源，尊重员工，信任员工，鼓励全体人员参与管理。在现代汉语词典里对"人才"有这样几种解释：1.德才兼备的人；2.有某种特长的人；3.指美丽相貌端庄的人等等，概念的多样性注定了难以对人才与非人才的界定。拿破仑曾经这样说过"世上没有愚蠢的士兵，只有愚蠢的将军"。"尺有所短，寸有所长"，每个职工因个人天赋和成长道路不同，其学识、专长、经验也不可能一样，但只要赋予适当的条件，使每个职工把潜在的能量发挥出来，最

大限度地发挥个人积极性和创造性，就可能成为"人才"，为企业发展增添新的动力，成为企业一笔莫大的财富，从这里说，人才就是生产力。同时重视职业和技术的培训，加大对员工教育方面的投资，不断提高职工人力资本的存量和综合素质，在工作中充分考虑到员工的成长和价值。促使员工发挥自身潜力，为企业实现更大的经济效益。

（二）建立有效的激励约束机制，促进人才的脱颖而出

根据心理学家的需求层次理论，人有生理、安全、社交、自尊和自我实现五个层次的要求，不同的要求需要不同的激励方式，当合理的要求得到满足时，就会激发员工的工作积极性与主动性。首先，要引入竞争机制。竞争带来压力，也带来动力，更激发了活力，企业在竞争中求生存，职工则在竞争中求发展。对一个人来说，越是富有挑战性的工作，越能激发其热情，从而获得工作后的自我满足感。在竞争中，既要坚持德才兼备的原则，又要坚持公开、公平的原则。其次，要建立合理的分配激励机制，以绩效导向为核心，使职工收入与劳动成果、企业效益结合，形成重实绩、重贡献的分配激励机制。第三，建立有效的考核机制。没有考核，将会滋生惰性，一个没有压力感、危机感和紧迫感的人是难以成才的。通过制定科学合理的人才绩效考核体系，考核结果要奖惩兑现，赏罚分明。

（三）对人力资源进行优化配置

企业的最终目的是盈利，只有合理配置人力资源，才能实现企业利润的最大化。人是配置的中心，一切都要围绕人来进行。如何在合适的时间、合适的地点、用合适的人选、最满意地完成工作，并且使从事人员获得最满意的薪酬，企业获取最大的利益，这是一个企业获得成功和持续发展的关键。这就要求企业的人力资源管理部门随企业要求和环境变化而不断实现有效的资源配置，同时将配置过程中遇到的问题进行协调，使之最优化。

（四）构建良好的企业文化，提升企业凝聚力

人的潜能的发挥与企业的人文环境密切相关。实践证明，一个人在领导公正廉明、人际关系和谐的企业环境中，不仅能有效发挥学识、专长，还可以充分展现潜能。构建良好的企业文化，提升企业凝聚力，以企业价值观、企业文化来引导员工。任何企业里，管理制度总有管不到位的地方，而企业文化则无孔不入。良好的企业文化可以说是一个企业的灵魂，一个企业的性格和习惯，它不但可以有效地引导员工工作行为，还能充分激发出员工的工作积极性和创造性，为企业共同目标而努力。可以毫不夸张地讲，企业文化的建设将是能够长期稳定发展的一个重要保证。还有重要的一点就是，企业要真心实意为职工办实事，提高员工的满意度和忠诚度；人力资源管理者也

要"诚"字当先，率先垂范，只有这样才能切实提高管理制度的执行力。

（五）利用信息平台，面向社会，寻求人力资源

信息作为一媒介，是企业生存环境的重要组成部分。在现代人力资源管理制度中信息融合于每一个环节，并起着重要的作用。信息资源的合理开发利用意义巨大。快速全面地掌握、消化、吸收、运用，使之成为企业发展重要力量，这对企业来讲极为关键。结合公司实际情况，建立健全人力资源的开发、聘用制度，通过信息平台了解社会人力资源市场，积极吸纳系统外各种优秀人才，补充到公司所需岗位上，走出去，迎进来，以其之长补己之短，不断满足人力资源需要。

在 21 世纪经济全球化的背景下，人力资源成为企业发展的最活跃、最积极的要素之一，人力资源管理部门也已经逐渐由功能性部门转变为企业经营业务部门的战略伙伴，更多地从事战略性人力资源工作。企业只有在这快速而剧烈改变的竞争环境中进行人力资源管理的创新与变革，才能为企业创造财富并保持竞争优势，才能在日益激烈的竞争中立于不败之地。

三、新时期企业人力资源激励机制的创新性研究

（一）创新性的激励体制的研究

下面分别对上市和未上市企业的人力资源激励机制创新进行研究性概述。

1. 上市企业人力资源激励机制创新性的表现

（1）业绩股权激励

业绩股权是指企业根据员工的业绩水平情况，以企业的股票或者基金作为激励奖励给工作达到预期目标的员工；业绩股权激励机制，就是公司每年提取一定数额的奖励基金，部分或全部用来购买本公司的股票，以激励的方式分发给达到目标考核的员工。比如广东佛山照明，实施股权激励方案初期，公司的主业利润贡献率已超过 100%，盈利能力较好，利用业绩股权激励模式在其他资源不变的情况下，在一定程度上取得了良好的效果，体现了人力资源管理创新后带来的价值变化，被国内作为成功的激励体制案例进行宣讲。不过，在后期发展过程中，佛山照明的每股收益呈下降趋势，被激励者利益和愿望没有更好地得以体现，心理上出现了一定程度的失望情绪。

此创新机制的产生，初期在一定程度上达到了人力资源调动广大员工工作积极性的管理目标，但后期因股票收益率下降，被激励者未能得到较高收益而产生了负激励作用，这是人力资源管理始料未及的。因此，企业的管理一定要与人力资源的激励机制创新相结合，即管理与激励机制创新应同步进行。

（2）管理层价值提升（MB0）激励

MBO 定义：企业管理层收购或企业经理层融资收购。它是以公司的管理者或经理层购买本公司的股份，从而改变公司资产结构和内部控制结构，来对本公司进行重组，从而获得理想的收益状态，这种激励方式是承认管理者作为企业的主要内部资源。比如，河南宇通客车公司，就试行了 MBO 方案，管理层和相关员工出资认购股份，获得股东身份，将员工与企业捆绑在一起，使其把工作当事业做。此创新激励机制对于资金不足的管理层员工，在一定程度上受到了约束。

（3）股票增值激励

股票增值权是指企业员工在规定时间内，可以在不拥有股票所有权的情况下，获得一定数量的股票股价上升所带来的收益。在国内上市公司中，中石化采取了股权增值激励这种模式。持有股票增值权的员工通过努力工作提升企业业绩，进一步促进股价的提升，从中获取收益。这种创新机制，存在不确定因素，因股价上升的影响因素较多，对获得股票增值权的员工提出了较高的要求。此激励方式虽然比较简单，但股价涉及的专业问题较多，使其又变得相对复杂。

（4）员工持股激励

员工持股计划，指企业内部员工通过自己出资购买本企业部分股票，通过企业进行集中管理的产权组织形式。此激励模式体现了持有者具有劳动者和所有者的双重身份，它有两种形式存在，一种是直接购买原股东持有的股票，以企业的名义建立信托基金组织，不定期回购股票，然后企业按照制定的发放计划，定期将股票出售给本企业员工；另外一种是通过信托基金组织回购股票，不定期回购股票，然后企业按照制定的发放计划，定期将股票出售给本企业员工。在国内上市公司中，大众科创实施了员工持股计划，利用此创新激励机制，企业员工流动明显降低。员工持股在一定程度上有利于企业开展监督管理，避免了管理中出现问题带来不利因素的出现，但也需要企业下更大决心，对未来进行符合市场需求的定位。

2. 未上市企业人力资源的激励机制创新性的表现

在未上市企业中，人力资源的激励机制初期主要是针对核心员工，即管理层和重要核心技术人员，以薪酬的奖励形式进行激励，对普通员工的激励制度相对较少。下面就该部分企业的人力资源常见激励机制进行解读和分析：

（1）设置晋升通道的激励

通过建立晋升通道体制，员工达到一定的考核要求，提升相应的职位。在实际中，大多数员工能朝设置的目标前进，通过此机制提高员工的工作积极性，达到预期目标，为企业带来较大的效益。但如果机制中有失公平现象出现时，会带来负面影响，不利发挥人力资源作用。

（2）企业文化的宣传培训激励

在现代化企业建设中，企业文化是对员工精神激励的一种模式。通过对员工定期的企业文化培训，使企业的价值观融入到员工的思想中，降低人才的流动性。做到企业的文化和员工的价值观一致是一个重要问题。首先要对员工有足够的尊重，其次要结合员工的理想和愿景制定相应的企业文化内容，员工愿意与企业融为一体。每个企业都有自己的企业文化，只有将企业文化融入到了员工思想中，才会使员工愿意为企业付出，真正起到激励作用。

（3）目标考核激励

目标考核激励是指在员工工作初期，制定出对应岗位的考核目标，在达成目标后得到预期的薪酬奖励或职位提升，此奖励机制在短期内会使员工工作热情度高，但激励机制是否有效取决于考核目标制定的合理性；目标考核难度较大时，员工看不到希望，工作积极性偏低难度较小时，员工的潜能不能得到最大的发挥。

（二）对于新时期下企业人力资源创新性激励机制的个人建议

通过以上对目前创新性激励机制的分析研究，个人也对此提出一些看法，并提供相应的建议：

1.激励体制要以公平合理为基础，符合企业经营管理的要求

激励体制首先要建立在相对公平的基础上，对于大多数企业员工来说这个平台是以公平为基础的，希望通过公开透明激励制度的考核，获得通过自己努力后得到的相应激励。这样的激励体制会在员工内部逐渐进行正能量的传递，提高工作积极性，发挥工作热情，将个人人生价值与企业绑在一起，呈现正向激励结果。

2.建立多重性激励机制

在当今千变万化的信息时代，企业面对的市场千变万化，内部员工更是多层次的结构呈现（70后、80后、90后），需要企业建立多重的奖励机制（复合性激励机制）。针对企业内部情况，通过几种激励机制结合地对员工进行认可和激励，通过努力工作达到预期目标，享受到对应的激励奖励，共同将企业做大做强。

3.激励机制要客观

企业人力资源激励机制的建立要在企业的经济基础上开展，也要在国家的政策支持范围内进行，这是激励机制建立的客观存在条件。

企业的人力资源激励机制只有在变化中不断地健全、完善和创新，才能

发挥出作用，使优秀员工愿意在工作中尽心尽力，与企业目标一致，不断向前，使企业在市场竞争中持续前行。

第四节 现代企业管理组织中财务管理创新研究

财务管理是对企业资金、成本、费用、利润及其分配等财务收支活动实行管理和监督的总称，是企业管理的重要组成部分。在现代企业管理中，财务管理是最直接、最有效地影响企业获得最佳经济效益的管理环节，其领域在不断地拓宽，部门的设置已位居各管理机构之首，维持良好的财务状况，实现收益性与流动性统一，成为现代企业管理决策的标准。同时，财务形象已成为企业的主要形象，企业的运营目标已主要反映为财务目标。

一、我国企业财务管理存在的问题

目前我国企业财务管理存在诸多弊端，不适应企业健康发展的要求。具体表现在组织机构不合理、资金管理不完善等方面。

（一）资金管理不完善，资金筹措渠道单一

企业依靠银行的贷款得以发展，尚未形成适应新的形势的融资方式，缺乏资金，阻碍的企业扩大发展的步伐。资金投向不合理。目前企业缺乏较完善的投资管理体制，不重视投资的战略性规划和科学管理，企业存在严重的乱投资问题，无法实现规模效益；资金运用低效。一是企业内部严格划分势力范围，较难实现资金的集中管理、统一调配，难以发挥大资金的作用；二是企业内部聚集大量沉淀资金，没有有效地运用资金，未能充分发挥大资金增值效应；三是企业没有很好发挥对资金的灵活调配作用，如有些部门出现大量资金闲置与此同时有些部门出现资金严重短缺。

（二）成本管理体制缺乏有效约束机制，成本居高不下

成本管理是企业财务管理的重要组成部分，中国的企业在成本管理制度上还不健全，主要表现在以下几个方面：成本核算体系不规范，成本开支范围不统一；不注重成本控制和管理，成本高，在市场中企业的竞争力受到影响，不利于企业的发展。

（三）利益分配机制不规范，利益分配不合理

当前我国企业还没有形成真正的以股份制为主要形式的规范的利益分配机制，企业利益分配不公平、不合理，主要表现在：苦乐不均；搞利己主义；吃大锅饭，搞平均主义；投而无收，搞形式主义。

二、财务管理观念的更新

知识经济时代的到来，客观上要求企业财务人员必须树立新的财务管理观念。

（一）人本化理财观念

人的发展是人类的最终目标，人是发展的主体和动力，也是发展的最终体验者，从而把人类自我发展提到了经济和社会发展的中心地位。据此可以看出，重视人的发展与管理观是现代管理发展的基本趋势，也是知识经济的客观要求。企业的每一项财务活动均是由人发起、操作和管理的，其成效如何也主要取决于人的知识和智慧以及人的努力程度。企业财务管理人员只有树立"以人为本"的思想，将各项财务活动"人格化"，建立责权利相结合的财务运行机制，强化对人的激励和约束，才能充分调动人的积极性、主动性和创造性，这是企业顺利而有效开展财务活动、实现财务管理目标的根本保证。

竞争与合作相统一的财务观念。当代市场经济竞争中出现了一个引人注目的现象，这就是原来是竞争对手的企业之间纷纷掀起了合作的浪潮。在知识经济时代，一方面，信息的传播、处理和反馈的速度以及科学技术发展的速度均越来越快，这就必然加剧市场竞争的激烈程度，哪个企业在信息和知识共享上抢先一步，便会获得竞争的优势。而另一方面，信息的网络化、科学技术的综合化和全球经济一体化，又必然要求各企业之间要相互沟通和协作。这就要求企业财务管理人员在财务决策和日常管理中，要不断增强善于抓住机遇，从容应付挑战的能力，在剧烈的市场竞争中趋利避害，扬长避短，同时也要正确处理和协调企业与其他企业之间的财务关系，使各方的经济利益达到和谐统一。

（二）风险理财观念

在现代市场经济中，市场机制的作用，使任何一个市场主体的利益都具有不确定性，客观上存在着蒙受经济损失的机会与可能，即不可避免地要承担一定的风险，而这种风险，在知识经济时代，由于受各种因素影响，将会更加增大。因此，企业财务管理人员必须树立正确的风险观，善于对环境变化带来的不确定性因素进行科学预测，有预见性地采取各种防范措施，使可能遭受的风险损失尽可能降低到最低限度。

（三）信息理财观念

在现代市场经济中，一切经济活动都必须以快、准、全的信息为导向，信息成为市场经济活动的重要媒介。而且，随着知识经济时代的到来，以数字化技术为先导以信息高速公路为主要内容的新信息技术革命，使信息的传播、处理和反馈的速度大大加快，从而使交易决策可在瞬间完成，经济活动空间变小，出现了所谓的"媒体空间"和"网上实体"。这就决定了在知识经济时代里，企业财务管理人员必须牢固的树立信息理财观念，从全面、准确、迅速、有效地搜集、分析和利用信息入手，进行财务决策和资金运筹。

（四）知识化理财观念

知识成为最主要的生产要素和最重要的经济增长源泉，是知识经济的主要特征之一。与此相适应，未来的财务管理将更是一种知识化管理，其知识含量将成为决定财务管理是否创新的关键性因素。因此，企业财务管理人员必须牢固树立知识化理财观念。

三、财务管理目标的创新

目前，中外学术界普遍认为，现代企业财务管理的目标是"股东财富最大化"（它比"利润最大化"这一财务管理目标前进了一大步）。然而，这一管理目标是与物质资本占主导地位的工业经济时代是相适应的，在知识经济时代，企业财务管理目标不仅要追求股东利益，而且也要追求其他相关利益主体的利益和社会利益。

知识经济时代的到来，扩展了资本的范围，改变了资本结构。在新的资本结构中，物质资本与知识资本的地位将发生重大变化，即物质资本的地位将相对下降，而知识资本的地位将相对上升。这一重大变化决定了企业在知识经济时代里不再是仅归属于其股东，而是归属其"相关利益主体"，如股东、债权人、员工、顾客等。他们都向企业投入了专用性资本，都对企业剩余做出了贡献，因而也都享有企业的剩余。正是在这样的背景下，新制度学派认为，企业的利益是所有参与签约的各方的共同利益，而不仅仅是股东的利益。从美国《公司法》可以看出，要求公司的经营者不能只为公司股东服务，而必须为公司的相关利益主体服务。美国 IBM 公司把其目标提炼为"为员工利益、为顾客利益、为股东利益三原则"。可以说，这些变化都代表着时代发展的要求，都是知识经济时代带来的影响。

（一）财务目标多元化

财务目标不仅要考虑财务资本所有者的资本增值最大化、债权者的偿债能力最大化、政府的社会经济贡献最大化、社会公众的社会经济责任和绩效最大化，更要考虑人力资本所有者（经营者与员工）的薪金收入最大化和参与企业税后利润分配的财务要求。

（二）财务责任社会化

从利益相关者的角度出发，企业既要考虑资本投入者的财务要求，又要兼顾企业履行社会责任的财务要求。因为知识资源与物质资源的一个明显差别是知识具有共享性和可转移性，它使得企业与社会的联系更加广泛而深入，而企业对知识的要求和应用将又取决于社会对知识的形成和发展所做出的贡献。因而企业必须履行社会责任，这样既有助于企业实现其经营目标，也有助于其在社会大众中树立良好的形象，更有助于其自身和社会的发展。

企业履行社会责任，如维护社会公众利益、保护生态平衡、防止公害污染、支持社区事业发展等，既有助于实现其经营目标，也有利于在社会大众中树立其良好的形象。知识经济时代不同于工业经济时代，知识资源与物质资源之间的一个明显差别是知识具有可享性和可转移性，它使得企业的社会联系更加广泛而深入，企业对知识的要求和应用将更加取决于社会对知识形成和发展所做的贡献，从而也就要求企业更加重视其社会责任。这就表明，在知识经济时代，企业的社会目标在企业目标结构中的地位必将提高。

四、财务管理内容的创新

在工业经济时代，企业财务管理的对象主要以物质运动为基础的物质资本运动，其内容主要包括物质资本的筹集、投入、收回与分配，以及实物资产的日常管理等。而在知识经济时代，知识资本将在企业资本结构中占据主导地位，因而它将成为企业财务管理的主要对象，与此相适应，企业财务管理的内容也必将发生较大的变化。

（一）融资管理的创新

企业融资决策的重点是低成本、低风险筹措各种形式的金融资本。知识经济的发展要求企业推进融资管理创新，把融资重点由金融资本转向知识资本，这是由以下趋势决定的：知识资本逐渐取代传统金融资本成为知识经济中企业发展的核心资本，西方股份选择权制度的出现使科技人员和管理人员的知识资本量化为企业产权已成为现实；金融信息高速公路和金融工程的运用，加快了知识资产证券化的步伐，为企业融通知识资本提供具体可操作的工具；企业边界的扩大，拓宽了融通知识资本的空间。无形资产将成为企业投资决策的重点。在新的资产结构中，以知识为基础的专利权、商标权、商誉、计算机软件、人才素质、产品创新等无形资产所占比重将会大大提高。

（二）投资管理的创新

加入 WTO 后，国内市场国际化和国际市场国内化都在不断发展，企业投资不能只是面对国内市场，还必须面向国际市场。而国际市场上的外汇风险、利率风险、通货膨胀风险以及东道国政治风险和法律政策变动风险等，都会对企业财务管理产生一定的影响。这就要求企业必须进行周密慎重的可行性研究，运用定量和定性的分析方法，计算决策指标，同时聘请有关专家担任顾问，减少投资的盲目性和风险性，注意所面临的各种风险的防范与控制。

风险管理将成为企业财务管理的一项重要内容。在知识经济时代，由于受下列等因素的影响，将使企业面临更大的风险：第一，信息传播、处理和反馈的速度将会大大加快。如果一个企业的内部和外部对信息的披露不充分、不及时或者企业的管理当局对来源于企业内部和外部的各种信息不能及时而有效地加以选择和利用，均会进一步加大企业的决策风险。第二，知识积累、更新的速度将会大大加快。如果一个企业及其职工不能随着社会知识水平及其结构的变化相应地调整其知识结构，就会处于被动地位，就不能适应环境的发展变化，从而会进一步加大企业的风险。第三，产品的寿命周期将会不断缩短。像电子、计算机等高科技产业，其产品的寿命更短，这不仅会加大存货风险，而且也会加大产品设计、开发风险。第四，"媒体空间"的无限扩展性以及"网上银行"的兴起和"电子货币"的出现，使得国际间的资本流通加快，资本决策可在瞬间完成，使得货币的形态发生质的变化，这些均有可能进一步加剧货币风险。第五，无形资产投入速度快，变化大，它不像传统投资那样能清楚地划分出期限与阶段，从而使得投资的风险进一步加大。所以，企业如何在追求不断创新发展与有效防范、抵御各种风险及危机中取得成功，便是财务管理需要不断研究解决的一个重要问题。

（三）财务分析内容的创新

财务分析是评价企业过去的经营业绩、诊断企业现在财务状况、预测企业未来发展趋势的有效手段。随着企业知识资本的增加，企业经营业绩、财务状况和发展趋势越来越受制于知识资本的作用，对知识资本的分析也因此构成财务分析的重要内容：评估知识资本价值，定期编制知识资本报告，披露企业在技术创新、人力资本、顾客忠诚等方面的变化和投资收益，使信息需要者了解企业核心竞争力的发展情况。设立知识资本考核指标体系包括创新指标、效率指标、市价指标、稳定指标、知识资本与物质资本匹配指标和综合指标。

（四）财务成果分配方式的创新

财富分配是由经济增长中各要素的贡献大小决定的。随着知识资本成为经济增长的主要来源，知识资产逐渐转变为财富分配的轴心，财务分配方式的创新需要：1.确立知识资本在企业财务成果分配中的地位，使知识职员及利用知识的能力在总体上分享更多的企业财富；2.改革以工作量为基础的业绩评估系统，如利用（经济价值树）技术来界定职工、小组所创造的价值；

3. 建立因人付薪、以个人所创造价值的合理比例为基础的分配机制，如股票期权、知识付酬、职工持股、职业投资信托等。

五、财务管理手段的创新

经济全球化，使企业跨地域、跨国家的生产经营活动日益频繁，传统的理财手段不能满足企业财务管理的新要求。所以，运用网络财务管理系统，实现财务信息快速传递和处理已十分必要。网络财务是基于网络技术的发展，为企业提供网络环境下的财务管理模式和财会工作方式，而使企业实现管理信息化的财务系统。网络财务可以实现以下功能：财务与业务的协同化；财务信息无纸化；资金收付电子化；工作方式网络化；数据、报表在线处理，远程传递等。

六、财务报告模式的创新

随着知识经济时代的到来，各方面对会计信息的需求发生了质的变化。信息的使用者不但要了解企业过去的财务信息，更需了解企业未来的以及非财务方面的信息。尤其是对知识和技术给企业创造的未来收益更为关注。为适应知识经济条件下，信息使用者对信息的新需求，传统财务报告模式应进行相应调整：

（一）增设无形资产等重要项目的报表

无形资产是今后财务报告披露的重点，它包括各类无形资产的数量与成本、科技含量、预期收益及使用年限等内容。另外，还需增加非财务信息，包括企业经营业绩及其前瞻性与背景方面的信息。这些项目所提供的信息，均是信息使用者判断企业未来收益多少与承担风险大小的重要依据。

（二）增设人力资源信息表

通过编制人力资源信息表，披露企业人力资源的结构、年龄层次、文化程度、技术创新能力、人力资源的投资、人力资源收益、成本、费用等方面的信息。

（三）披露企业承担社会责任方面的信息

企业要步入可持续发展的轨道，必须承担相应社会责任。在消耗资源、创造财富的同时，保护好环境，把近期利益与长远利益有机结合起来。通过披露企业有关资源消耗、土地利用及环境污染等方面的信息，了解该企业应为其行为负多大的社会责任，让信息使用者更正确地认识企业。

第五章 经济管理体系下的现代企业制度创新研究

第一节 现代企业管理制度建设中的问题分析

制度化管理使企业摆脱了传统管理的随机、易变、主观、偏见的影响，走上规范化、科学化、"法治"化管理道路，是现代企业连续、稳定、良好工作秩序的根本保证。但是现实上大多数员工认为制度化管理使得他们工作过程与程序过于僵化，约束了员工工作积极性。究其根本原因，不是制度化管理的问题，而是企业管理制度的有效性不够。

一、管理制度有效性的界定

（一）管理制度的内涵

企业管理制度是有关约束和调整企业经营管理活动中各种特定经营管理行为方式和关系的行为准则，是管理行为者在管理实践过程中逐步形成并一致认可的约定俗成的习惯，也可以是将这种约定俗成正式规定下来的所形成的文字形式和规范、条例等等。它将企业一些周而复始的行为以明确具体的程序和标准固化，使企业精神和理念通过制度的形式表现出来，对成员有一定的导向作用。同时管理制度规定了员工在企业中哪些可以做、好好做，哪些不能做、不该做，从而帮助企业达到控制要求。因此管理制度的规范作用、引导作用和制约作用体现了企业管理的刚性要求，保障了相对稳定的企业发展。

目前的中国企业绝大多数经过了残酷的资源竞争进入了制度竞争时期，因此制定有效的管理制度是关系到企业未来是否能够持续稳定经营的重点，提升企业管理制度的有效性也就变成一件迫不及待的事情。

（二）管理制度有效性的内涵

彼得·德鲁克指出应该从效益和效率两个角度来分析活动和行为的效果，因此通过管理制度来进行的制度化管理效果可以从以下两个方面进行：

1. 管理制度的效益问题

管理制度主要用于企业中日常事务管理，通过制度化管理来减少企业管理者的工作量，促使其能够更有效地配置现有资源进而实现企业目标。因此制定管理制度的根本目的在于实现企业战略目标，管理制度效益主要就看其对于组织目标的支持程度。

2. 管理制度的效率问题

好的管理制度应该具有高度执行力，在其执行过程中充分发挥制度化管理的稳定性与公平性，避免和减少人为的影响。同时企业员工发自内心地认同制度并在活动中有意识遵守，并达到提供其工作效率的目的。

因此有效的管理制度应该同时满足两个要求：体系完善且高度认同。这样的管理制度不仅使企业日常工作井然有序，而且还能激发员工的工作热情和潜能，提高工作效率，高效地实现企业目标。在现实的情况中，企业管理制度不可能出现完全无效与绝对高效的两种极端状况，绝大多数的企业管理制度处于这两者之间，因此用"管理制度的有效性"来界定企业管理制度有效的程度，从而反映企业制度化管理的现状。

二、我国企业制度化管理现状以及其成因分析

（一）我国企业制度化管理现状

我国企业自从改革开放以来，为了面对市场的竞争以及日趋复杂的外部经营环境，不断地提升企业制度化管理水平，企业制度化管理取得了较大的成绩。但依然存在着以下几个方面的问题：

1. 管理制度体系性不强，无法保障企业战略目标的实现

许多企业由于缺乏完善配套系统的制度体系，使企业运营缺乏规范，根本没有某方面的制度，出现"制度真空"，无法保证企业战略目标的实现。这造成企业权责关系混乱，缺乏必要的规范机制和约束机制，员工在具体工作中无所适从，事事需要向管理者请示，工作积极性受到极大的影响。而管理者也因此将大量的时间花在与下属沟通和处理日常例行事务，工作量大大地增加。

2. 管理制度执行力比较差

规章制度认同度低，执行起来打折扣，认真遵守的人少，未真正完全地达到制度的理想目标。企业"有法不依，违法不究"的现象大量存在，管理者在日常决策中随意性大，完全是"人情化管理"，公平稳定无法得到保证。员工的权益无法得到合法的维护，工作积极性受到极大影响，无法集中精力做自己应该做的事情，大量工作时间放在搞好私人人际关系方面。

以上的这些情况导致企业中人际关系复杂，内部工作环境不佳，无论员工还是管理者的工作绩效都得不到保障，从而造成企业经营业绩不佳，无法实现企业战略目标。

（二）成因分析

造成我国企业制度化管理现状的原因是多方面的，其主要原因有以下几个方面：

1. 管理制度体系设计不完善

有效的管理制度应是基于企业战略制定的制度体系，即无论从整个企业的纵向层级和横向协作来考虑，都应有相关的制度来规范员工行为，而且能够满足系统要求。这要求现代企业在制定企业管理制度应该是基于"从上到下"的模式，即从企业战略出发管理到企业日常事务，从企业决策者到管理者直至执行者的制度制定流程。

目前由于认识到管理制度对于企业经营的重要性，完全的"制度真空"和"制度缺位"现象较少。但绝大多数企业制定管理制度都是为了解决例行事务，是为了满足企业例外事务向例行事务工作转变、减少管理者工作的需要，即采用的是一种"从下至上"的模式。这种模式往往只注重了例外事务向例行事务转化的要求，考虑了外部环境和迫切的内部要求，而忽视了整个企业战略对于制度的基本导向，即使管理制度的顺利实施也不能保证企业目标的实现。同时由于各个主体在制定制度时仅仅考虑了自身功能要求，没有和其他功能和层次的制度形成体系，甚至会出现矛盾冲突的情况，为日后制度实施带来极大的不便。

2. 管理者的定位偏差

理想的人性化管理和制度化管理之间的关系在于管理者权威和制度权威的一致性或平等性。管理者的权威来源于其职位（即来自于组织、与领导者的地位对应的、赋予领导者奖励或处罚下属的权威）和管理者本身（即由于知识技能突出或者性格出众造成员工对其的尊敬、景仰而形成的权威）。制度权威主要表现对于员工行为的规范、引导和制约作用。在既定的企业分权体制下，制度权威的大小主要与管理者的第一类权威的大小呈反比关系。因此在制度化管理水平较高的企业中管理者一般应倾向于树立第二类权威，即通过管理者对其下属的工作的帮助和支持得以体现和形成。

而现实中，许多企业管理者职业化管理力量薄弱，无法指导或不愿意指导员工开展工作帮助其成功，这导致日常工作完全依赖于第一类权威，把自己的作用完全定义为对于员工的奖励和惩罚上面，通过重用或排挤某个员工来贯彻自己意志，甚至在制定管理制度时都会从维护自身权力出发，忽视员工的根本要求。这类管理者很难能够依据制度办事，会产生抵触制度，甚至破坏制度的不良行为。部分管理者甚至会通过有意识地违背管理制度来树立自己的权威，建立自己的人脉关系。

三、管理制度构建的要点

如何在企业中构造合理的管理制度，特别是制定普遍不足的"兴利"制度，我们认为应注意以下几个方面：

（1）在思想观念上应有一个转变，真正认识到一个企业要取得成功，不但需要合理的"除弊"制度，更需要良好的"兴利"制度。认识到企业的管理制度不应只起"铁丝网"和"防火墙"作用，更应是员工工作积极性与创造力的"点火器"与"推进器"。真正确立"以人为本"的思想，信赖员工的智慧与创造性，努力使管理制度定位在为企业造就一种生机勃勃、不断创新的局面，促使企业步入良性循环的发展轨道上来。

（2）在管理制度的内容方面，应当以企业目标的实现为制度建设的基本宗旨，消除那些不符合企业目标、为控制而控制的制度。研究制度时将注意力放在如何能使人的积极性和才能发挥并汇聚到为企业多创造财富、多创造有利局面上面来。让制度起一种激励、凝聚的作用，引导企业的各种资源，特别是人力资源朝向企业目标的实现上来。在管理制度的结构方面，应当"除弊"与"兴利"制度并重，不可偏废与偏执，追求两者之间的合理的平衡。

（3）在管理制度的来源方面，集思广益，特别应注意倾听广大员工的意见，这样才易于制定出切实可行的、为广大员工接受的管理制度。一些好的、具有推广价值的管理经验应能及时地形成制度。管理制度作为一种无形的资产也可以从企业外部学习与引进，关键在于必须结合企业的实际。

（4）结合企业生命周期，当企业处于企业生命周期的成熟及衰退期时，更应注意兴利制度的建设，以焕发企业的活力和创造力。

（5）对管理制度的执行情况应及时客观地反馈评价，并对不足之处进行改进、调整、补充，经过不断地完善最终造就出适于本企业的、行之有效的管理制度。

管理对企业来说是一个永恒的话题，而作为管理行为的出发点和落脚点的管理制度，则是一个常抓常新，且意义重大的具体管理问题，对此问题应引起企业管理者的高度重视，慎重地对待它。通过"兴利"与"除弊"制度的系统构建与实施，真正使企业形成一种生机勃勃，充满活力的氛围，形成一种不断改善与进步的良性循环的局面，这样必将使企业在激烈的市场竞争中，不断发展壮大。

四、提升我国企业管理制度有效性的对策——学习型组织

美国学者彼得·圣吉在《第五项修炼》一书中提出"学习型组织"，指出这种组织在面临变遭剧烈的外在环境时，能够应力求精简、扁平化、弹性因应、终生学习、不断自我组织再造，以维持竞争力。从这方面考虑，构建学习型组织能够有效地提升企业管理制度的有效性。

（一）通过学习型组织的构建实现管理者和员工的思维方式的转变

学习型组织的管理者被定位为服务者，通过塑造共同愿景、设计管理制度、维护管理环境帮助员工成长，从而实现员工和企业的共同进步，管理者本人的工作绩效也完全由其下属的工作绩效决定。这种定位会导致管理者发生以下三种变化：注意力从第一类权威的维护转化成第二类权威的塑造；工作重点会从"奖励、惩罚、重用"等转化成"帮助、指导、激励"；对员工的判断从关系亲疏的主观看法转化成为工作成绩好坏的客观标准。这三种变化都为制度化管理提供了实施基础。同时员工也会从注重和管理者之间的私人关系转化成对自身工作业绩的追求。这样一来，无论从管理者还是员工的角度出发，为了提升自己工作绩效，势必会增加对有效的管理制度需求：管理者需要有效的管理制度来减少自己在日常事务中花费的时间，集中精力去帮助员工；员工需要有效的管理制度来指导自己的行为，减少花在向上级请示上面的时间。在这种大背景下，如果管理制度设计合理的话，管理者和员工会有意识地遵守管理制度，维护其权威性，保障了管理制度的高度执行力。

（二）学习型组织提升了管理制度设计的科学性

首先学习型组织的构建能够改善传统组织注意力放在眼前细枝末节的问题，通过系统思考将组织的注意力放在那些具有长远性、根本性和结构性的问题上，形成企业一贯地从系统出发，从整体出发的基本思考模式，形成了基于战略来设计管理制度的思想基础；其次学习型组织增加了管理者对于有效管理制度的需求，并在管理者和员工之间就"有效的管理制度"达成了一致意见，而管理者是制定管理制度的主体，为了未来工作的顺利开展，必然在设计管理制度时综合考虑现实与未来、企业与员工等各方面的综合要求，这为科学设计管理制度提供了物质保障。因此，需要有效的管理制度来规范自己和他人的行为，从而确定明确的权责关系，这要求管理制度设计必须具备一定的系统性以避免未来权责关系不明确。

（三）学习型组织高度适应力为企业制度变革创造了条件

学习型组织提出了"学习人"的人性假设，指出这种人能够不断超越，

不断改变心智模式，积极参与学习，学习力的提升会让员工树立正确的创新意识。首先员工能够快速地感受到外界环境变化造成管理制度的不适应和老化，另外员工通过学习实现了自我提升以后，会对企业以及自身提出更高的要求，这些都造成了员工成为管理制度创新的倡导者。另外学习型组织在个人学习的基础上提出了团体学习，把个人学习与组织战略结合起来，这使得员工的创新需求虽然是基于自身提出的，但本质上是符合企业要求的。理论上认为学习型组织的建立有利于企业的组织变革，主要是因为当这种变革出自于员工本身而不仅仅只是企业的要求时，员工在变革过程中会表现更加积极地参与性，极大地提高了企业管理制度成功创新的可能性。

第二节 现代企业管理制度的发展与创新

伴随着我国经济体制的不断深化改革，国际经济形势日趋复杂，企业若想在不进则退的经济浪潮中求生存、谋发展，则必须解决企业管理中存在的一系列问题。对于不具有普遍性的问题或者企业独有的问题，企业必须通过管理制度的创新才能有效解决。只有顺应现代经济的发展，加强企业领导者和员工的创新意识，才能不断提高企业在市场经济中的竞争力。

一、现代企业管理制度创新的重要性

能够合理反映企业管理水平的判断标准就是企业在运行过程中制定和遵循的规章管理制度是否完善和科学，是否适应现代市场经济的发展。但是很多企业的领导者并没有将企业的管理作为企业发展的重要因素，而是过分重视企业的增长和效益。当前企业发展已经达到了一定程度，其组织结构、领导体制相对比较稳定，要想进一步提高生产效益、达到更高的企业经营目标，最有效的方法就是运用企业管理制度的作用。如果企业在运行过程中没有对这一环节进行重视与创新，那么在日常业务中将会导致知与行的不统一，长此以往会导致形式主义，由此可见企业管理制度的重要性。然而，任何企业的规章制度不是一成不变的，因此企业的管理制度也是需要根据社会的发展与企业的进步进行创新。

二、现代企业管理制度创新的必要性

企业管理制度的内涵与作用决定了其在企业经营管理中的重要地位，但是企业的发展不是一成不变的，在当前经济背景下，国内外企业都争取实现

企业的现代化发展。然而，就在现代化的过程当中，企业管理制度存在不少的漏洞，进行企业管理制度的创新势在必行。

（一）现代企业管理制度的创新是应对国家经济体制改革和经济增长方式转变的需要

当前我国仍处于经济转型时期，国家经济体制与经济增长方式都在进行巨大变革。企业作为市场主体，面临两大变革时必须进行体制的调整。一方面，在市场机制下，企业的性质已经发生根本变化，原先计划经济体制下封闭、粗放、以生产为导向的企业管理模式已经不适应市场经济条件下现代企业的发展，因此需要进行管理制度的改革创新，建立以市场为导向的开放、集约型管理模式。另一方面，传统的粗放型经济增长方式使得企业资源利用率低、经济效益低，我国目前新经济增长方式已由粗放型向集约型转变，这就要求企业必须集约利用资源，优化产品结构，提高经济效益，归根结底就是要进行企业管理制度的创新。

（二）现代企业管理制度的创新是为了在竞争中求发展

随着经济全球化的深入发展，国际国内市场渐融为一体，企业面对的市场竞争愈发激烈，为了在竞争中谋求发展，企业必须要研发新技术、扩展产品品种、提高产品竞争力、扩大产品销售，这就要求企业变革组织机构、重新划分职能部门、统一安排工作流程、完善管理模式等，而这些恰恰都是企业管理制度的基本内容。

（三）进行管理制度创新源于一些企业缺乏对管理的创新精神

传统的企业管理制度缺乏激励机制，对员工的管理方式是压制和约束的，并不能引导和激发员工的主动性和自发性，我国现在仍有部分企业遵循这种传统的管理制度，严重缺乏创新精神，管理模式落后，产品市场竞争力弱，企业缺乏强有力的发展后劲，建设企业文化的思想薄弱。

（四）部分企业管理过程中的非科学化

企业的最终经营目的就是追求经济利润的最大化，然而片面的利润最大化目标会使得企业在经营管理过程当中忽视其他方面的建设，在管理上严重非科学化，管理混乱。例如企业内部管理权力界定不清、缺乏人员激励机制及决策机制、缺少优秀的企业管理人员等。现代企业只有变革以往非科学化的管理，才能保持企业的核心竞争力。

（五）企业管理制度的创新是实现企业现代化及与国际化接轨的迫切要求

传统企业管理实行的是旧体制集权式管理，严重阻碍了企业的发展，但无论是大中型企业还是中小企业，都希望能在市场竞争中占得一席之地，实现企业的现代化发展，严格根据市场需求，参照国际市场惯例，调整管理组织部门，在具体的机构设置上，要专门克服企业经营规模扩大造成的旧体制无法适应的问题，还要保证企业正常运行的协调与控制，增强企业活力，实现企业的经营目标。

三、企业管理制度思维观念

企业管理制度的思维管理有市场观念和生产力观念构成。

（一）市场观念

企业演变为市场竞争的主体，主要是在社会主义市场经济体制的发展中转化而来的。这不仅要求企业无论是从内部工作还是外部环境，都得转变，舍弃传统的理念。将企业内部工作与外部环境相互结合，相互统一，不断适应市场经济演变而来的新思维新空间，也就是要不断改革体制，正确认识和对待外部环境的市场观念。

（二）生产力观念

企业的根本任务是发展生产力，这同时也是社会主义的根本任务。二者相互依存，相互促进。企业生产力发展了，才能促进社会生产力的发展。社会生产力发展了，国家经济实力才能增强，从而促进人民物质文化生活水平的提高。所以，作为企业全部工作的重心——发展生产力。这同时也是检验企业一切工作的根本标准，是因为企业的发展是否有利于发展生产力。因此。一个企业的实践经济活动的最终效果，还是要看一个企业的生产力水平的高低。而树立起发展生产力的观念，是建立现代企业管理制度的基本要求。所以，企业生产力主要体现在企业生产的产品与经济效益两个方面。而所生产的产品，是针对人们消费的需要以及实物产生的质量是否符合现代化水平及其数量的增长状况，同时要符合生产力的需求。而对企业效益而言，效益额与效益率必须符合企业经济效益的指标。因为经济效益是企业生产力状况的价值表现。这就主要表现在投入与产出相比较的差异。

四、现代企业制度创新的内容

（一）企业产权制度创新

"先定产权，后定公司。"这种产权明确界定的公司制定的实行，是西方市场经济国家所运用的。但中国不一样，其采取了相反的做法。原因是我国的产权关系还没有理顺。在推动产权关系中，公司制定却先行动了起来。这就要求在现阶段产权管理制度与创新上更要突出，并以此为重。

（二）用人制度的创新

在企业管理中，民主管理，让优秀的职业经理人管理相对应的企业已经开始逐步取缔独裁式的管理模式。这主要是方便企业领导人有更多的时间来集中精力做的重点项目的管理工作。从简单的琐碎管理事务中解脱出来。同时这就要破除任人唯亲的人才选拔上的观念，坚持"能者上、平者让、庸者下"的用人原则。打破企业中各种亲属关系盘根错节的形式，制定新的人事分工与管理制度，并且遵照执行。如此才能更多的吸引各种人才，让优秀的人才脱颖而出，在此基础上实行激励与淘汰机制。企业应当完善企业文化，为员工提供良好的学习条件，在良好的学习氛围中，不断鼓励员工，进步，成长。采用文化管理的制度。重视文化氛围的塑造，并且取得人本管理的预期成效，使其在一切活动中不断受到各方面的支持与鼓励。将文化管理与以人为本的管理模式，使其在企业可持续发展中得到充分的肯定。

（三）分配和激励制度创新

对激励机制不断完善，对企业做出重大贡献的高级管理人员和科技人员慷慨奖励。使其在所赋予的职业上更有成就感，如此才能让其通过自身的不懈努力，取得相应的报酬，在其工作中能够充分发挥积极性，创造性与主动性。在企业中真正做到有主人的感觉。在分配制度上，不断创新探索，对经营者实行高报酬的年薪制，让其在责任感上不断加强。如此，才能促进企业的管理，使得各项经济指标的才能很好地完成。

（四）以市场经济为导向以过程管理为基础

在企业管理制度中，目标管理是其重要内容。它主要是将时间与空间结合，在管理的过程中与过程的管理中，采用现代管理理念的实效观念与动态观念，不断地强调过程，并以此展开。同时，这种现代化管理制度是综合考虑了市场、技术与经济以及社会环境等各方面的因素，并以市场作为导向为基础而建立起来的。这就要彻底打破计划经济不以产定销的体系，实行以客户需求为中心，去开发产品，发展业务，以产定销。

五、现代企业管理制度创新的对策

（一）摆脱传统理念的束缚

通常情况下，企业的员工对于公司战略性创新的认识具有一定片面性，很多时候大家会认为企业的创新是企业领导者的事情，毕竟企业的兴衰掌握在企业的领导者手里。因此企业的改革与创新需要由企业的领导者负责，且需要一位具有创新理念的领导者实施企业管理的整体创新。从历来的企业创新案例看，这样的观点似乎是正确的。但是作为一名企业的领导者，首先需要区分的就是似乎正确和绝对正确的观点。在进行了详细的分析后发现：对于现今的企业，一般都会有极少数的管理人员对于企业的创新发表意见。一个被传统的理念束缚的企业管理阶层，无法看到执行的管理制度存在的缺陷，因此也就不会进行企业管理制度的创新。目前，很多企业的制度管理的创新过程具有一定的个人英雄主义色彩，即过多地重视企业管理者的创新思维意识，对于企业员工的意见没有得到重视，在牺牲企业员工创新意识的同时，限制了企业的战略性发展，对企业的改革创新也具有一定的阻碍作用。对于这种具有争议的问题，不应该强制性地在企业的环境中宣扬企业领导者的个人观点，而要努力寻求一种适合企业的发展，受到企业全体员工认可的创新理念。如果企业要想对管理制度进行创新，就需要调动全体企业员工的积极性，让企业领导者将创新的激情传染到企业员工，将创新企业管理制度的任务分配到，不应该一味地将企业的创新归结到企业的领导阶层。作为具有创新理念的企业管理者需要具有挑战传统管理理念，对于传统管理制度中与现状不符，可能会制约或阻碍企业发展的内容要进行质疑。首先要对这条规定的主要内容进行分析，看是否适合于现今企业的发展。其次要对这一规定不完善的地方进行完善与创新。随着旧事物的不断灭亡，新事物开始取代旧事物在人们观点中的位置，因此管理制度的创新显得意义重大。对依然被传统管理理念束缚的企业来说，企业员工会将企业领导者的思想奉若神明，从不质疑，但为了实现企业管理制度的创新，就必须敢于打破固有的思路，充分发挥公司员工的主观能动性，让员工真正地意识到企业的发展离不开所有员工的共同努力。

（二）培育企业创新的能力

企业创新的能力是企业进行管理制度创新的基础，根据克莱顿·克里斯滕森的研究调查显示：真正影响企业创新的因素主要包括资源、流程以及价值三个部分。很多主张企业管理制度创新的人认为：创新的流程具有一定的可塑性。但企业的资源要比流程运用更加灵活。为了实现企业管理制度的创新，企业需要建立一个具有创新意义的价值观和组织流程，企业的领导者就需要积极开展相应的培训，使得企业员工具有应对创新的能力。对于这种创新工作，一般会有三种可能，具体阐述如下：1.企业的领导者实施新的管理制度，建立一个新的流程。2.从企业现今的管理制度中增添具有创新的规定与管理手段，重新构建具有一定创新性的价值观和组织流程。3.对于外部组织的管理制度进行学习，将企业的流程与价值观做到和外部组织的高度匹配。换言之，即企业要想实现企业管理制度的创新，就需要构建一个具有独立性的、新型的平台或部门。这个平台或部门虽然在一定程度上依赖于企业的工作方式、现有业务、相应的规章制度、组织结构，但是在实质上它必须具有自己的独立性，具有帮助企业培育一定传承与创新的组织文化、经营模式等的能力。

构建新型平台，就要在企业大环境的变化下激发企业员工中具有潜在能力的人员，同时考虑到未满足的客户需求。当企业在创新的道路上迈进一步时，首先要做的就是要在新型平台的角度上去观察与评定它是否对企业的发展具有积极意义。然后评定这种制度上的创新对于企业的业务、产品的发展是否具有促进作用。最后对于这个管理制度创新是否会使企业在新市场中稳速发展进行判断。

面对市场的日益变换，不断创新企业的管理制度是帮助企业提高凝聚力与创新力的唯一途径。为了适应这种管理制度上的变化，企业的员工应该具有适应创新的能力，对于新制定的标准要本着客观的态度去对待，对于新实施的管理方法要积极配合加以实践。对于有利于企业发展的管理制度上的创新要勇于宣扬，同时对企业发展没有太大意义的管理制度要敢于抛弃。

（三）致力于解决大的管理问题

"问题越是重大，创新的机会就越大"，这完全适用于企业的管理制度的创新。例如在20世纪20年代，通用汽车公司为了解决自己的管理问题创造了管理部门事业部。当时企业正面临着一系列问题，诸如：如何对公司总裁威廉·杜兰德收购回来的子公司进行编制，随后皮埃尔·杜邦刚刚在老总裁威廉·杜兰德的手里接管公司，他与助手小艾尔佛雷德·斯隆开始对在机能上严重失调的公司精兵简政。其主要的方法就是对于企业的管理制度进行创新，设立了一个专门负责制定企业的政策和控制企业财务支出的中央执行委员会，同时创立了主要负责日常运营的事业部。正是为了解决企业管理问题的这一创新性的手段，使得通用汽车进入了一个高速发展的阶段。最终在这位具有创新意识的企业领导者的带领下，通用汽车战胜了福特汽车公司，一跃成为全世界最大的汽车制造企业。事业部制是现代企业常用的一种企业组织形式，它实际上就是将企业的所有员工根据从事工作的不同，划分成不同的部门，主要负责企业运用中的一个环节。除此之外，事业部是企业管理中的核心力量，具有一定的经营自主权，可以实施独立的核算，为企业创造出更多的活力。

在我国，不少企业都借鉴了通用汽车这一管理制度的创新，尤其是中兴通讯。但是中兴通讯在实施管理制度的过程中，对于事业部进行了改良与创新，其制定的准事业部制与事业部制的不同之处在于：准事业部制并不拥有独立的自主经营权。虽然无论是产品还是营销事业部都具有一定的经营指标，但是并没有自主的经营权，也就是说其产品的经营需要有其他的部门进行负责，例如营销事业部。这样的企业管理制度的创新就是将原有的事业部自主进行核算变成了相对的独立，可见使事业部的灵活性和积极性都有了很大程度的提高。由此可见，要想对企业的管理制度进行创新，单纯的只依靠企业管理者推行具有创新的理念是不能完成的，仅仅是企业员工具有适应创新的能力也是不行的，真正的核心问题是要善于解决企业管理的大问题，在问题的解决过程中求发展，在企业的管理问题中找到企业管理制度的不足之处，从而进行改革和创新。促使企业的管理制度更加适合企业的发展，更加适应先进的市场经济体制。要想最大程度上创新企业的管理制度，首先需要一个适合的契机，当企业经营管理中出现可能会影响企业生存发展的问题时，企业的领导者应及时打破传统的管理理念，参考鉴国内外真实的企业创新案例并结合自己企业的实际情况，走出一条适合本企业发展的创新之路。

　　总之，企业的管理制度的创新是实现企业有效管理的基础，是加强企业凝聚力的途径，是完善企业制度的前提，是提高企业竞争力的手段。对于企业管理制度的创新，我们要从必要性出发，对于企业的各个阶层和各个方面进行系统的考量，最终实现企业管理制度的创新。

第三节　儒家管理哲学理念与现代企业管理制度的契合

　　在东西方文化相互交融的时代，越来越多的人意识到中国的传统文化和道德理念在现代企业人力资源管理中的作用和意义。儒家理想人格思想对于中国现代企业人力资源管理具有双重影响，合理吸收其精华，再融入西方现代管理科学，结合国内相关实际，将有利于创造出新的适合中国特色的企业人力资源管理思想与模式。儒家的管理思想是以治国平天下为其管理的终极目标，以其卓然独立的博大精深的理论体系影响于世的，这其中包含着"和"与"同"、"无为"与"有为"、"义"与"利"、"正人"与"正己"、"德"与"刑（制度）"等丰富的辩证法思想，"三贵之道""君子九思"揭示了人际沟通的要领；"义""仁"包含着对组织社会责任的深刻体认；"道之以德，齐之以礼"之于领导方略；"政者，正也"，直接指向领导影响力的来源；"中庸守常"之于领导思维，"无为而治"之于领导艺术。儒家管理思想对现代企业管理起着基础和渗透的作用，对构筑现代企业的管理系统和价值观提供了宝贵财富。儒家十分重视人在管理过程中的地位，认为管理就是对于人的管理，就是"治人";"其人存,则其政举;其人亡,则其政息"(《礼记·中庸》),"天下无道"的根本原因在人,在对人性的假设方面和对人性的改造提出了相当多的见解,认为"可塑性"是"仁""德""义"的基本保障,以管理者的自我修养为管理的前提条件,从而实现天人合一的"政治构想"。

随着西方工具理性主义、科学主义在近代的兴起,心灵的落寞和物质的丰富形成了极大的反差,造成了人在生产关系中个人主义的膨胀,导致道德沦丧、社会秩序混乱的异化,从而会形成诸多冲突和矛盾。在此背景下,儒家文化的整合价值就能发挥作用——填补西方物质文化的内在缺陷,在这个过程儒家文化为人类精神世界的提供了再生的契机。虽然,儒家仁学有其时代的局限性,但是现代管理思想中无处不渗透着儒家思想的精髓,仁学中那些超越时空的合理内容在现代社会仍有重要的现实意义。儒家的管理思想侧重于人际关系的注入,以管理者的自我修养为管理的前提条件,对人的内外控制,强调社会伦常关系转化为诚服的臣民的管理方法,倡导"齐之以礼,道之以德",偏重于礼和义,即用礼规范各种各样的社会关系,用义来架构起和谐生命的宽宏格局,使之达到良好的组织运行,是指导现代企业管理思想和实践的丰富源泉。

一、儒家管理思想中"仁""德""义"的辩证逻辑

"仁"在儒家管理理论中是实现"劳心者治人"的必要前提,也孔子道德哲学的最高范畴。"仁者,人也",仁就是要解决人的问题。儒家所有关于"仁政"目标的设计,并不满足于"五亩之宅,百亩之田"的养民蓝图,在民众富裕的基础上,主张对其施以教化。孟子在"仁"的基础上进一步指出管理者对被管理者要"富之"而后"教之",人性具有可塑的基础,则道德教化才具有成为实现的可能。在孔子看来,"文武之道……其人亡,其政息"(《礼记·中庸》),"为政在人",因此,"人"是管理的最高目标,并指出像尧舜这样的"圣王"都不一定做得到。"仁者爱人""天地之性人为贵",孔子倡导管理者必须关心人、爱护人,人并非统治者的统治工具,每个人都有其"水能载舟,亦能覆舟"的价值。"君子学道则爱人,小人学道则易使也",管理者的职责是协调人与人之间的关系,在爱人的基础上并且以君子之道教育小人。管理中的一切活动都是围绕着治人而展开的,在儒家看来"恻隐之心人皆有之"。孔子率先提出"性相近也,习相远也"的精辟论证。孟子也认为,人性的仁义礼智,和人的四体一样,是人与生俱来的天赋性的"善端","恻隐之心……人皆有之"(《孟子·告子上》),反对"不教而杀"。同时又说"不用贤则亡,削何可得与"。孔子明确提出了"得人"与"贤才"的说法。敬贤使能、

贤者居位始终是儒家的一个核心理念，儒家主张以德治国的选官制度，但并不完全否认家族血缘的重要性。荀子在《王制》中详细地论述了规则的重要性，必须是德才兼备，为君者必须乐于亲贤，而耻于接不肖。"尚贤"既是实现政治理想的手段，更是王者之政的一个指标性体现。但荀子在论述贤才的标准时指出"君子之所谓贤者……事必当务，是然后君子之所长也"（《荀子·儒效》）。荀子特别重视对"士"进行不同层次的分辨，提出了"明分使群"的说法，将不同层次的人安排到不同的位置上，使之发挥各自的作用。孟子继承前人的"重民保民"的主张，形成了"留人""保民"等更为系统的儒家管理思想，以实施道德教化为企业管理活动培养一批"贤才"。由此可以得出，儒家"仁"全都是以"人"为其内核而展开的，并得出管理思想、管理手段、管理心得等一系列的管理理论。

　　《尚书·皋陶谟》中记载"为政"的三项原则，一曰：自修（"慎厥身，修思永"）；二曰："安民"（"安民则惠，黎民怀之"）；三曰："官人"（"知人则哲，能官人"）。人之道在儒家仁的实践中意味着"己之所欲，亦施于人"，尽己为人谓之忠；"己所不欲，勿施于人"，此谓之恕。曾子说："夫子之道，忠恕而已矣"。"忠"就要尽心、无私、诚实；"恕"是以自己仁爱之心，去推度别人之心，从而正确处理人际关系和谅解别人不周不妥之处。忠恕之道强调尊重人的人格和尊严，并推出以己度人、推己及人，调整着人与人之间关系的基本道德准则，是仁爱思想的重要内容。关于如何成为"劳心者"，孔子指出"政者，正也。子率以正孰敢不正"。"正己"是"正人"的前提条件，因此，管理者先应当成为道德上的楷模，自觉地接受伦理道德的约束，以崇高的道德风范来影响、感召一般被管理者，从而就必须"修己安人"。在儒家看来，只有做到了自我"修身"，管理才能实现"安人"的管理目标。在管理手段上，孔子认为："安上治民，莫善于礼"（《礼记·经解》），"礼"是管理者修养的标准，带有规范性的意义，对人们的行为具有某种抑制性作用。在孔子看来，用仁爱心、自信心、自尊心、自觉心来激发他人的内在"恻隐之心"天性，要比一味地惩罚效果更好，主张"德主刑辅"，强调"仁爱管理，德教为先"的管理方式，以求达到企业内外的平衡与协调。在孟子看来，"为政以德"犹如"众星拱之"，"天子不仁，不保四海……士庶不仁，不保四体"（《孟子·离娄上》），"仁政"也是"不忍人之政"，管理者要想取得管理工作的成功就必须实行"王政"——"以德服人者，中心悦而诚服也"，而"以力服人者"的"霸政"让人"非心服也"，用宽容同情的态度、以尊重人和同情人的精神实行统治和管理。由此看来，"仁"的方法不仅是人与人之间的价值尺度，而且还包含着管理者与被管理者或者人与他人之间的基本价值准则。

儒家义利观的价值不仅能够规范企业员工的道德生活，更重要的价值在于为企业进行有序化的管理提供道德理论依据。"君子务本，本立而道生"，在德（或义）与利体系里，德是治国之本，儒家认为"义"的原则具体体现在"礼"中，"义"是人类社会的根本道德规范，"礼"则是"义"的原则的具体化。"君子喻于义，小人喻于利"，义利观归根结底是社会各阶级之经济利益及力量对比在道德领域里的反映。儒家在承认富与贵是"人之所欲"的基础上，提出了义、利在发生矛盾时的取舍原则，"义者，宜也"，不能见利忘义，不能自私自利，应该"见得思义""见利思义"。孔子主张"以仁得之，以仁守之"。在今天的企业管理中，义利关系实质是个人利益和企业公共利益之间的矛盾。不管"圣人"和"小人"，"人生而有欲"（《荀子·性恶》），"饥而欲食……好利而恶害"（《荀子·荣辱篇》），无人可以例外。孔子与孟子的诸多言论都表现了尚义轻利的倾向。但是在这个过程中，他们都认为"利与义"是人类生活实践不可或缺的内容，都具有合理性和正当性，强调的是取之有道（义），主张"义以生利""取之有义""见利思义"，强调了人的道德精神生活和物质利益追求的双重意义，力图将"义"与"利"即精神价值与物质价值进行融合、统一。儒家比较注重关系网络，注重人际关系，注重管理体系内部的"和而不同"。孔子明确提出了"礼之用，和为贵"的命题，把"和为贵"作为待人处事的基本原则，然而，儒家所强调的"和"，是斗争性与同一性、原则性与灵活性的有机统一，通过企业内部各方协调矛盾而达到和谐的境界。欲望是人的本能，尊重并满足人们的欲望需求，"从人之性，顺人之情"（《荀子·性恶》）有利于消弥因"求而无度量分界"所造成的纷争，"养人之欲……物必不屈于欲，两者相持相长"（《荀子·礼论》），是每一个管理者的职责，任何人都不应"专欲益己"，更不能"求自益以损人"。

二、传统与现代企业管理制度的契合

中华文化是人类文化史中的瑰宝，是人类杰出的文明遗产之一。中国传统文化中蕴含着深邃的管理思想，使中华民族数千年的文明得以稳固传承，而中国传统管理思想中的儒家管理思想更是具有其特有的生命力和实用性。综观孔子、孟子和荀子的管理思想，可以发现，儒家管理思想体系的价值主要体现在"仁"，即以"人"的认识为视角。孔子把"从心所欲不逾矩"视为人自主性的最高境界，相信人的道德规范能够转化为行为主体的内在力量，充分肯定人的能动价值和其独立人格，确立以人为本的管理新理念。儒家"仁学"思想是中国古代人道主义的代表理论，在个体方面突出了个体人格的主动性和独立性，现代企业要超越企业本身的利益范畴，对企业本身和整个社会有深厚的责任感。"仁"既是历史责任感又属主体能动性，既是理想人格又为个体行为。正是"仁"的主体性，把对"礼"的外在规范转化为对"礼"的内在自觉，主张"仁者爱人""重民贵民"，人人怀着仁爱之心来处理人际关系，将"为己"与"为人"进行了有机统一，实现超越了"为己"的界限。孔子仁学的管理学价值首先就是从普遍意义上揭示了人的本质，肯定了人的价值，强调了人的独立人格，张扬了人的社会意义。正是如此，"仁"才能够排斥外来的侵犯干扰，构成一个颇具特色的企业管理模式和文化心理结构。仁学中"仁者爱人""富民养民""推己及人""人我并重"的原则，其实际内容就是要求管理者树立"仁者爱人"的道德观，增强企业的向心力，较好地解决企业个体与群体之间的矛盾，激发广大员工的积极性和自觉性，和现代人本管理形成一种契合。通过人的自内而外的人本主义管理哲学，改善了企业的运转机能，实现人生价值和社会价值，同时实现管理目标。

（一）人才是企业生存和发展的灵魂，人才对企业的兴衰关系重大，所以发现人才和"量材适用"是身为企业管理者的首要任务

在人才管理上，得人才者先要知人，"知其所以、观其所为、察其所安"（《论语·为政》），如何不拘一格、知人善任，是儒家人性观的一条基本原则。把"知"作为理想人格的重要因素，在"仁""知"的双重规避下就能有效避免主观"己之私见"的情况。从而，儒家把"修己"看成是成就人格的重要方法。荀子则在"治民""得民心"的基础上，进一步指出"法者，治之端也"。然而，好的管理条例离不开贤能的人来执行，即"君子者，法之原"，精辟地阐述了人与法的关系。贤能的管理者能弥补管理规则中的某些缺陷，还能制定出长期的战略目标，"无欲速……见小利则大事不成"。制定企业的长期的战略目标是一项巨大的工程，需要制定者（管理者）具备各方面的主客观条件（耐心、智慧、眼力等），这是一条有普遍意义的原理。管理者不应该一味地只重视眼前的一些小利，它不仅对国民经济管理适用，对企业的经营管理也同样适用。儒家管理哲学强调的主导因素是：注重互助、互信和忠诚的责任和德行的道德理念；强调恒常的学习、反省，注重自内而外的内化作用以实现目标的精神；顺应人性的自然关系和人际关系的建立和调和；重视身体力行和实践表率作用；追求心灵安和、愉悦、舒展和生生不息、锲而不舍的意志。

（二）重视管理中领导的作用

儒家在管理手段上主张"修己安人""民贵君轻""道之以德""德主刑辅"，以"人和"为出发点，以仁爱之心对待被管理者，维护员工的切身利益，创造一个共同发展的天地。孔子认为道德主体按其自由意志做出道德判断时

恰恰是以其"知"为前提的。儒家把"修己"作为"安人"的前提，强调管理者要渗透着一种道德的凝聚力、感染力和号召力，管理者应该具有能力用人，有能力服人的领导范式。但同时，管理者要善于为员工分难解忧，讲究"为政以德"的人文主义思想，倡导管理者率先垂范、正人先正己的管理思想，以赢得员工的尊敬和爱戴。领导者作为被管理者中的优秀者，必须以管理者的自我修行为前提条件，以道德伦理感化和征服被管理者为主要方法的管理体系，在被管理者中发挥良好的模范作用，使之转化为一种发自内心的自觉行动，实行内在的自我控制，这样才可以达到无为而治的效果。通过道德的"教育"（感化）来使被管理者保持着仁爱之心，使之内化为道德的自律性和责任性，有利于社会的行为的内在驱动力，符合人性本善的管理手段。民贵君轻在现代企业管理中能使每个员工都成为组织管理的参与者，有效地将员工个体提升到主人翁的高度，促进企业中每个人都以主人翁的姿态从事工作，充分发挥个体的主观能动性和创新精神，促使员工个体全身心地为实现组织的目标而努力。管理必须重视人际关系的和谐。企业管理在本质上是对人的管理，"和"是管理活动的最佳境界，管理的这一特性决定了仁学原则的管理学价值。"'以和为贵'是中国传统哲学在处理人际关系上将'和'作为最高价值追求的的具体展现，是化解人际矛盾、平衡人际关系的积极倡导，即便经历了两千多年的岁月沉淀，其积极的价值取向依旧能为当今社会的发展起到不可估量的影响。"当然，儒家的"和"是有原则的"和"，也有"和"与"争"的"内和外争"。"君子和而不同，小人同而不和"要求在企业内部各个生产环节之间相互配合、相互协调，不断提升、进取，但不能"同流合污"；儒家主张"以和为贵"，管理学本质上是指以和为主，以竞争为辅的原则，即"争"是为了在更高层次上取得和，这种层次的和谐对于当代管理具有重要的意义。

（三）义利之辩是处理好企业内部人和人的关系的问题

随着当代经济的发展，社会的进步，人们的物质财富得到了迅速的积累，人的精神被物质追求所扭曲。在此背景下，现代人为了构筑奢华的物质家园，缺失了精神的家园、道德的家园，人的心灵被功利追求压抑，人的德性被异化。孟子认为生理物质欲望和理义需要同存在于人的本性之中，对物质的追求儒家将其浓缩到"义利"之辩的逻辑基础之上。儒家义利观中"义"和"利"的辩证十分丰富，肯定了"义利"存在的客观性，强调"君子谋道不谋食"，"义以为上"，做人的道德取向，"不仕无义"，遵循为官为政以德之道。孔子"重义轻利"，强调"见利思义"，"先义而后利者荣，先利而后义者辱"（《荀子·荣辱》），要求"先义而后利"，主张"君子爱财，取之有道"，培养"配义与道"的浩然正气,并把它作为区分君子与小人的重要标准。在儒家义利观中,核心思想是义与利二者的孰轻孰重,不可为了金钱而放弃德性失去做人的准则。对管理者而言,管理者要推行德治仁政,就应该以"义"为准则,"见利思义",即实现"以义制利",先着眼于普通民众的利益和要求,然后才能取得自己的正当利益,这样的管理行为才是合乎道义的,才会得到民众的拥戴。同时,企业领导者必须按照工人群众的利益和要求来管理企业,还要"博施于民而能济众",给予所有员工同样的个人发展机会。在肯定义利统一的基础上,先秦儒家有关义利观的论述可以分为三个不同的层次,即基本要求、中间要求与最高要求。先秦儒家义利观多层次的价值取向对于中国企业而言具有较强的现实意义,可以用于构筑企业社会责任建设标准体系,包括底线标准、中间标准和高调标准。建立在互利、共赢基础上的中间标准应成为现阶段中国企业履行社会责任的普遍适用标准。在现代企业管理中,劳资之间也存在互相依赖、相生、相成的关系,企业管理只有在效益与公平的双重推动下才能实现物质财富与精神财富的双修。管理者应该以义作为基础准则为劳动者创造能够过道德生活的条件,保障公正分配财富,分享生产资料,劳动者才有归属感,才能比较快速地增加企业财富,企业才有凝聚力。如果企业的经济建设过程中没有了道德,经济的秩序就无法维持。

市场经济要求伦理道德在现代企业管理中发挥协调作用,以抑制人在对利益的无限追求中所造成的人的价值迷失与社会的秩序失衡。因此,要加强道德建设,既要推进道德立法工作,使得道德建设步入法治化之路,也需要加强对管理人员的道德引导,培养其道德自律意识,以形成企业内外良好的道德氛围。儒家伦理突出了对人自身的关注及对人类共同体的终极关怀,更强调人本主义、普遍和谐、责任意识等等。这些观念内化为企业的伦理意识,影响到企业家精神、企业伦理和企业文化的培育,这是儒家伦理在企业管理中存在的理由。

现代企业可把儒家伦理优势转化为竞争优势,实现利益相关者的共赢。儒家管理思想中蕴涵着以人为基本因素的管理精神,主张"举贤才"的人才管理思想,"民为贵"的人本论思想,"修己安人"的治人之道,"道之以德"的教化思想,凸显了一种对人性普遍目标价值的认知以及普遍潜能的自觉。儒家管理思想不仅是我国传统管理思想的渊源,它的以人为本,重视人才,重视领导的管理思想对现代管理具有重大的影响,其中心理念和价值观如果投射到现代管理上,就能发挥人的主观能动性,凸现出发挥人性、拓展人力的特色,重视人际关系的和谐,实现人生价值和社会价值,进而实现管理目标。随着当代管理"重人"趋势的发展,从事管理工作的人不能不考虑被管理对象的情感，人本管理则侧重于对人的尊重和信任，仁学无疑可为我们提供一种管理学上的视角，推进管理学的发展。如果每个人（不仅是君子）都能够按照社会道德规范来正心、来修身，表现出自己作为管理者宽以待人的高尚品质，努力提升自己的道德境界，践行自己的道德信念，严格遵守企业的法令制度，就会为现代企业塑造出良好的道德秩序。

第四节 现代企业管理制度的内部控制体系研究

美国的 COSO 委员会在《内部控制——整体框架》中对内控制度做出如下定义：它是由企业董事会、经理阶层和其他员工实施的，为营运的效率和效果、财务报告的可靠性、相关法令的遵循性等目标的达成而提供合理保证的过程。其构成要素包括控制环境、控制活动、风险评估、信息与沟通、监控。会计信息失真、企业经营失败、各种经济犯罪行为发生在很大程度上都与企业内控制度缺失有关。对企业经营的控制，不但要有以资本市场、产品市场和法律规章制度为主体的外部控制机制，而且要形成以董事会、监事会和控制委员会为主体的内部控制机制，使企业领导层与企业兴衰息息相关，自觉产生提高管理水平、强化内部控制的动力和压力，从而积极地创建和有效地实施内部控制制度，企业的内部控制制度才会真正发挥其应有的作用。那么，如何建立健全内部控制制度使其在现代企业管理中发挥作用，笔者借此谈以下几点认识：

一、建立健全内部控制制度在现代企业管理中的作用

（一）建立健全内部控制制度是法律、法规的必然要求，也是经济全球化的迫切需要

建立健全内部控制制度对于及时发现和纠正企事业单位的各种错误和营私舞弊现象及违法行为，确保法律法规履行具有特殊的作用。在新旧体制转轨阶段，企业经营中低效率以及人为的损失、浪费现象较为普遍，无章可循、有章不循、弄虚作假、违规操作等不正当行为时有发生。《会计法》以及财政部所颁布的《内部控制规范》中都明确要求单位必须建立健全内部控制制度，加强内部监督，以保证会计信息的真实性和合法性。

（二）建立健全内部控制制度保证会计信息的真实性和准确性

健全的内部控制，可以保证会计信息的采集、归类、记录和汇总全过程真实的反映企业生产经营活动的实际情况，并及时发现和纠正各种错弊，从而保证会计信息的真实性和准确性。

（三）建立健全内部控制制度有效的防范企业经营风险

在企业的生产经营活动中，企业要达到生存发展的目标，就必须对各类风险进行有效的预防和控制，内部控制作为企业管理的中枢环节，是防范企业风险最为行之有效的一种手段。它通过对企业风险进行有效评估，不断地加强对企业经营风险薄弱环节的控制，把企业的各种风险消灭在萌芽之中，是企业风险防范的一种最佳方法。

（四）建立健全内部控制制度是转变经营机制，提高企业经济效益的客观需要

内部控制制度是现代企业管理的重要组成部分，它对确保企业各项工作的正常进行和经营管理水平的提高有着十分重要的作用。要使企业产权关系明晰，保证权责明确，政企分开就必须建立和完善相应的财产物资的核算、监督、保管等内部管理制度，明确资本保值增值的目标与责任，处理好受托经济责任和利益的分配关系。所谓科学管理，就是要建立和完善包括科学的领导制度和组织管理制度在内的内部管理制度，其中也必然包括科学的内部控制制度，通过加强财务、成本、资金等管理，对企业的经营活动进行科学的管理，以确保企业生产经营活动能够协调、有序、高效运行。可见建立科学合理的内部控制制度是建立我国现代企业制度的客观要求。更为重要的是，内部控制制度能够协调所有者和经营者之间的利益冲突，使双方建立起相互信任的关系，从而保证现代企业制度的顺利实施。

（五）建立健全内部控制制度能维护财产和资源的安全完整

健全完善的内部控制能够科学有效的监督和制约财产物资的采购、计量、验收等各个环节，从而确保财产物资的安全完整，并能有效的纠正各种损失浪费现象的发生。

二、企业建立健全内控制度的必要性

（一）加强企业内部控制，可以保证和提高会计信息质量

正确可靠的会计数据是企业管理者了解过去、掌握现在、预测未来、制定决策的必要条件。通过制定和执行业务处理程序，对其进行科学的职责分工，在相互牵制的条件下产生会计资料，从而有效地防止错误和弊端的发生。

（二）加强企业内部控制，可以保证企业高效率经营

在企业的日常工作中，如果能很好地加强内部控制，合理地对企业内部各个部门和人员进行分工控制，注重职责分明和人员素质教育，以内部控制加强对人的行为的约束，以人的主动和被动思想加强对工作认识的促进，形成一种惯性，则能明显提高企业经营管理的效率，迅速提升企业外在形象。

（三）加强企业内部控制，可以保护财产物资的安全完整

健全完善的内部控制制度能够科学有效地监督和制约财产物资的各个环节，采取各种控制手段，确保财产物资的安全完整，避免和纠正浪费等不良现象。

三、内部控制的发展及其存在问题

内部控制是对现代企业管理制度的补充和完善，对企业规范管理、防止风险和提升管理效率有着重要意义，企业应该从公司治理、战略、组织、人力资源、企业文化、社会责任和运营过程各个方面进行全方位的梳理，兼顾风险与管理效率的提升，才可以从根本上解决企业持续发展问题。

内部控制源于西方发达的经济体，尤其以美国 COSO 全国虚假财务报告委员会（The Committee of Sponsoring Organizations of The National Commission of Fraudulent Financial Reporting）为代表，先后经历"内部牵制""内部控制制度""内部控制结构""内部控制整合框架"和"企业风险管理整合框架"五个阶段，内部控制的内容从内部牵制设计一个要素到会计控制、管理控制的两个要素，到增加内部环境的三要素，到内部环境、风险评估、控制活动、信息与沟通、内部监督第五元素，再到内部环境、目标设定、事件识别、风险评估、风险应对、控制活动、信息与沟通、内部监督的八要素逐步地增加和完善；控制目标也从提高经营效果和效率、财务报告可靠性和法律法规的遵循性的三个目标发展到合理保证企业经营管理合法合规、资产安全、财务报告及相关信息真实完整，提高经营效果和效率，促进企业实现发展战略的五个目标。在目标设定中增加了"战略目标"，使企业在追求短期利益的同时，从战略高度关注企业长远目标和可持续发展，可以说内部控制是一个很好的管理工具，是很多专家学者和企业管理者管理实践的经验总结，是对现代企业管理理论的实践性总结和重要补充。

现代企业管理制度主要指以市场经济为基础、以完善的企业法人制度为主体、以有限责任制度为核心、以公司企业为主要形式、以产权清晰、权责明确、政企分开、管理科学为条件的新型企业制度，而在实践中缺乏相应的指导内容，内部控制很好地解决了这个问题。

当前我国企业也十分重视应用内部控制来加强内部管理，与西方发达国家相比，我国在内部控制理论研究上起步较晚，大多数企业在内部控制应用方面主要以我国有关部门颁发的制度为依据，同时借鉴国外企业的成功经验。我国的内部控制从 2005 年开始境外上市企业按照 COSO 规范要求建立内部控制体系，到 2008 年财政部、证监会、审计署、银监会、保监会五部委联合

发布《企业内部控制基本规范》，2010 年三个配套指引《企业内部控制应用指引》《企业内部控制评价指引》和《企业内部控制审计指引》的颁布，再到 2011 年 A+H 股的上市企业实施内部控制、境内上市公司试点和自愿试点企业的内控试点，到 2012 年所有主板上市企业的全面展开，走过了 7 年时间。在政府的创新和指导下，不少企业在内部控制应用方面表面上搞得轰轰烈烈，但是真正取得较好成效的却不多，没有达到应有的效果。由于历史与发展的原因，我国市场经济还不发达，市场体制尚不完善，从整体来看，企业体制多样化，治理结构不合理，企业在内部控制应用方面基本都存在控制环境不良、控制手段传统、控制目标单一、执行力不够、关注战略目标不够、没有和现代企业管理制度相结合等问题，因此，如何建立支撑企业战略目标、符合现代企业管理制度的内部控制具有现实意义。

四、企业内控制度建设存在的问题

（一）思想观念存在问题

现阶段，在我国很多企业中，企业的管理人员还没有认识到内部控制制度的建立对于企业发展的积极作用，一些企业领导人还不能接受以风险管理为核心的企业内部控制系统，很多企业的管理人员对于内控制度的含义无法准确理解，不能正确把握内控制度的主要内容，尚未建立起一套完整的系统内部控制操作流程，企业管理工作透明度较低，在很多时候都是由企业一把手直接进行决策，内控制度无法得到落实。

（二）内部控制体系缺失

从企业内部环境的控制方面而言，许多企业都忽略了内控制度负责机构的设置，由于内部控制各项规章制度还不是非常完善，有一些企业虽然逐渐开始建立内控系统，但是从执行的情况上来看依旧不是非常理想，这些内控体系大多流于形式。从风险控制的层面而言，企业必须对自己所进行的各项生产经营业务进行深入的分析，同时结合自身经营管理的实际情况来制定应对策略，这是现代企业内控制度中的重要一环，但现阶段我国很多企业的领导人都不具有风险意识，无法充分认识到企业所面临的各种风险，常常给企业带来不必要的损失。

（三）内控制度执行不力

在我国，很多企业管理人员由于受到传统的企业管理观念的影响，他们对于企业内部控制制度的看法存在偏见，认为其可有可无，甚至有些企业管理者觉得建立了内部控制制度也无法确保其能够得到落实，因此内控制度在很多企业中都成为了仅仅写在纸上的规定，并不能切实落实到企业的管理过程中。比如授权审批程序杂乱无章、制度决策由领导主管决定、企业文化建设不到位、企业的社会责任感不强等，这些问题都在很大程度上让企业面临巨大的风险。

（四）内部控制监督不到位

从企业的内部监督方面而言，很多企业尚未建立一套全面系统的内部监督体系，尚未建立起科学的评估机制，内部控制制度的日常监督功能也无法得到落实，这就导致了企业内控制度的问题无法及时解决，长此以往势必会在一定程度上对企业的正常经营管理产生影响。另外有一些企业虽然有独立的监督部门，但是其工作范围仅仅是对企业财务进行监督，对于企业的日常管理工作的监督还存在较大的漏洞。

五、现代企业内部控制制度建设途径分析

（一）积极更新思想观念

企业管理人员必须充分认识到内部控制制度的建立对于企业发展所起到的积极作用，应该积极创造一个良好的内部管理环境。企业内部控制制度建设过程中，无论是领导还是基层职工都必须积极更新思想观念，树立在内控制度监督管理下进行各项生产经营活动的意识，把非可控性因素降到最低。此外，企业还应该对自身的经营管理理念有充分的理解，特别是企业管理人员，必须摒弃传统的管理理念，认识到企业内部管理活动和生产经营效益之间的内在联系，把内部控制制度的建设作为企业战略规划的一部分。

（二）逐渐完善内控制度

在国家相关政策法规规定的范围之内，企业必须结合自身生产经营的实际情况，按照《企业内部控制基本规范》和《企业内部控制应用指导》这两项内控制度的基本法规，遵循全面性、均衡性、重要性的原则，建立和完善一套与自身企业发展情况相适应的内部控制管理制度。在设计内部控制制度时，应该对企业的内部环境以及外部条件进行深入的分析和讨论，在企业建立内部控制制度的过程中，应该把握好不同控制阶段和组织体系的连续性，将不同控制阶段的作用尽可能全面地发挥出来，使内部控制制度能够对企业的各项生产经营活动进行有效的监督和管理，以便于第一时间发现不利于企业发展的危险因素；通过对企业不同业务活动环节的评估工作，准确地找到风险点并加以控制，促进企业的健康稳定发展。

（三）建立评价监督机制

企业应该清楚地认识到在建立内部控制制度时应该首先达到的目标是什么，结合企业的实际情况，因地制宜，有重点、有选择地建立和规划内部控

制制度，从而确保企业内控制度能够与自身的长期战略发展目标相一致。此外，企业在建立和完善内部控制制度的评价监督体系时，应该根据合法性、全面性和有效性的基本原则，尽可能把不相关的职务分开，从而确保各个岗位都有专人负责。企业在规划内控制度内容的过程中，应该优先考虑企业生产经营活动中的薄弱环节，同时按照企业的业务流程，有计划地对相关的风险点进行控制，逐渐建立起全面系统的内部控制体系，从而使企业会计部门和其他部门相对独立，同时保证企业内部各个部门之间可以有效的沟通，在确保企业会计信息准确性的同时保证企业内部协调发展。

（四）宏观微观双管齐下

现代企业必须建立融宏观的总体控制和微观的细节控制为一体的内部控制制度体系。每一个企业都应该建立这样一个与自身发展需求相适应的企业内部监督管理体制，同时要注意，这些内部监督管理体制有效实施的基础必须是能够与企业的实际需求相适应。有些企业虽然迫于形势进行了 ISO9001 质量管理体系认证，但没有持续改进，管理不到位而流于形式。企业管理也要与时俱进，使内部控制制度得到真正的落实，否则一切都是空谈。因此，企业内部控制制度建设仅靠行政命令是不行的，要以人为本，深入人心，把它作为一项长期性的工作来抓，这样才能保证内控制度得以不断完善。

六、建立符合现代企业管理制度的内控体系

（一）强化法人治理结构，建立符合现代企业制度的内控环境

法人治理结构是公司中的核心问题，而公司法人治理结构的核心是通过配置公司的权力，建立有效的监督和激励机制，以保护公司股东的权益，实现公司利益最大化。建立股东（大）会、董事会、监事（会）和经理层的决策、执行和监督的机制，从根本上处理好投资者、管理层和监督者的关系，处理好制度与人的关系。股东（大）会是公司的最高决策机构，按照国家相关法律法规、行业和地方相关法规和公司章程规定，对公司章程规定的重大事项必须提交股东（大）会讨论；董事会执行股东（大）会的决议并在公司章程规定的权限下进行管理活动；监事（会）对董事会和企业管理者的管理活动进行监督，发挥战略委员会、审计委员会、薪酬提名委员会等专业委员会对董事会的支撑作用；建立企业"董监高"和独立董事的职责权限、任职资格、议事规则和工作程序，并按照规范要求定期组织相关会议，保持好相关记录并按照信息披露的要求进行披露。企业的重大决策、重大事项、重要人事任免及大额资金支付业务等，应当按照规定

的权限和程序实行集体决策审批或者联签制度，任何个人不得单独进行决策或者擅自改变集体决策意见。

（二）对公司的战略进行研究，制订企业的中长期和短期战略目标并对目标进行分解

企业战略管理是企业管理科学中的一个重要范畴，它能够给企业发展指明方向，促进企业朝着正确的方向迈步，保证企业近期和长远的持续发展。为了保证战略目标的实现，企业要加强战略管理，做好从战略分析、规划、实施到决策变为现实的战略过程，对国家宏观政策、行业进行研究，对市场和竞争对手进行必要调查，对存在的机会和风险进行识别，发挥自己的优势，做和自己能力资源相匹配的业务，设计好的商业盈利模式。企业应该对自己的中长期战略和短期战略进行研究，并提出相应的目标和实施路线图，并把战略目标分解到相应的组织和人，落实资源和计划，对关键目标和节点进行重要控制，并根据执行情况进行必要的调整，在企业经营管理中进行动态的战略管理。一般企业都缺乏战略管理人才和相应的行业研究，因此建议请专业的咨询公司定期对公司的战略进行必要的设计或者战略梳理。

（三）在战略框架下设计企业的组织架构，并对管理职责重新进行梳理

为了促进企业实现发展战略，优化管理体制和运行机制，按照组织设计原则和内控规范要求对现有组织进行设计和梳理，明确各部门的职责，区分核心职责和辅助职责，并对核心职责对应的业务进行必要的设计，明确各部门的管理界限和接口。面对重大组织调整，最好进行必要的试运行或者设计过度组织结构，并对组织运行过程和结果进行分析并做必要的调整，在组织正式运行后一般要保持组织的相对稳定。

很多企业在经过多年发展后，由单体公司向集团化迈进，企业的组织也要进行相应的变革。按照集团化管理的要求，要明确集团和子公司的定位和职责要求，整合资源，对子公司管控进行必要设计，尤其关注子公司的投资管控制度，通过合法有效的形式履行出资人职责、维护出资人权益，重点关注子公司特别是异地、境外子公司的发展战略、年度财务预决算、重大投融资、重大担保、大额资金使用、主要资产处置、重要人事任免等重要事项，并建立相应管理制度。

（四）建立战略指导下的薪酬和绩效考核等人力资源制度

人力资源管理是一门科学，它具有价值有效性、稀缺性和难以模仿性，是企业构建竞争优势的核心资源。企业如何在激烈的市场竞争中，以人力资源作为核心构建自己的竞争优势，是企业管理的基础，企业高层必须重视。内部控制下的人力资源管理内容分为人力资源的引进与开发、人力资源的使

用与退出两部分内容。在企业管理实践中，企业要按照组织和管理职责的分配，进行必要的岗位分析，对岗位职责进行设计，编写岗位说明书；对岗位的工作任务进行分析，进行定岗定编；对岗位进行分析评价，建立具有激励性的薪酬制度和绩效考核办法；把战略目标、年度目标和经营计划关联，把公司目标和管理活动结合起来，并逐层分解；在建立绩效考核制度的同时加强对员工的培训、职业生涯规划和长效激励机制的建设，保证公司的战略目标实现，同时兼顾员工的利益，让员工也分享企业发展带来的实惠。

（五）按照内部控制要求建立企业文化和社会责任相关制度

作为社会公众公司，企业应履行社会责任，实现企业与社会的协调发展。内部控制要求企业的社会责任主要包括安全生产、产品质量、环境保护、资源节约、促进就业、员工权益保护等，要求企业做到经济效益与社会效益、短期利益与长远利益、自身发展与社会发展相互协调，实现企业与员工、企业与社会、企业与环境的健康和谐发展。企业文化是企业在社会主义市场经济的实践中，逐步形成为全体员工所认同、遵守、带有本企业特色的价值观念、经营准则、经营作风、企业精神、道德规范、发展目标的总和。内部控制要求企业进行文化建设并对文化建设进行评估，董事、监事、经理和其他高级管理人员应当在企业文化建设中发挥主导和示范作用，以自身的优秀品格和脚踏实地的工作作风带动影响整个团队，共同营造积极向上的企业文化环境。

（六）对企业的核心业务进行梳理和设计，建立业务层面的内部控制

按照《企业内部控制应用指引》要求，对企业的资金、采购、资产、销售、研发、工程项目、全面预算、合同管理等重要管理要素进行业务流程的梳理与设计。对符合公司业务发展要求的业务流程进行描述以实现规范化；对不符合内控流程要求的业务流程进行优化；对不适应公司未来变革与发展的业务流程进行再造；从业务流程识别关键流程，从关键流程识别关键作业，从关键作业识别关键管理活动，从管理活动识别内控风险，并对风险通过多维度按照重大风险、重要风险和一般风险进行评价，建立风险控制矩阵，对评价指标比较高的风险纳入公司层面风险数据库。企业高层在管理实践中要重视并采取不同的应对措施：对公司不能承受的风险要建立风险管理方案并落实资源进行改善。建立公司高层、中层和基层全员参与的内控体系，在业务过程和日常管理活动中对控制活动进行记录与归档；建立事前、事中和事后交叉控制的网状控制，对风险比较大的事项，加强控制；对风险比较小或者一般的事项采取减少控制以提高管理效率；对风险适中的业务活动可以加强事后审计控制，在兼顾风险的同时提高管理效率。

　　内部控制是一个综合性的控制，往往是几个控制措施的综合应用，内控规范里讲了7个常见的内部控制措施：不相容职务分离控制、授权审批控制、会计系统控制、财产保护控制、预算控制、营运分析控制、绩效考评控制。根据内控实践经验，强调事前不相容职责控制、授权审批控制外，特别强调了作为内控事后控制的内部审计控制，即经过风险评价后对组织和业务进行内部审计控制，有利于提升管理效率，特别是针对国企改制来的上市公司，公司要强化审计部门的力量，对风险大的单位和业务加强内部审计。

　　总之，现代企业建立和完善内部控制制度，不但能够确保企业的财产安全，提高企业的生产经营效率，同时对企业战略目标的顺利实现也具有非常重要的作用。我国企业都应该从自身发展实际出发，积极建立健全与自身经营发展状态相符合的内控制度。作为企业管理人员，必须积极更新思想观念，认识到内控制度在企业经营管理过程中发挥的作用，将内部控制制度的建立和完善纳入企业长期发展规划之中，从而为企业长远发展打下坚实基础。

第六章 经济管理体系下的现代企业 文化创新研究

第一节 企业文化在现代企业管理中的作用

当今社会，随着经济全球化程度的日益加深和科学技术的迅速发展，企业之间的竞争越来越激烈。企业之间的竞争，越来越多地表现为多个方面。企业文化作为一种企业软实力，对提升企业核心竞争力有着越来越重要的作用。加强企业文化建设，已经成了越来越多企业的重要选择，成为现代企业制度转型中不可或缺的环节。现代企业只有与时俱进，开拓创新，创造出优秀的企业文化，才能日趋激烈的市场竞争中获取有利地位，提升经营管理水平和整体竞争力。

一、企业文化的内涵

企业文化是企业的灵魂所在，是企业的精神支柱，是企业在长期生产经营过程中形成的一种基本精神和凝聚力。它是由全体员工在价值观念、道德观念、理想信仰和处事方式等方面所具备的共同特征，并且在企业发展过程中能够长期保持下来的文化传统。企业文化内涵较为丰富，主要包括四个层次的内容，一是物质文化层，主要指企业员工所创造的产品和物质设施所构成的器物文化；二是行为文化层，指的是企业员工在学习工作和娱乐活动中所体现出来的一种行为文化；三是制度文化层，指企业为规范生产经营活动所制定的一切规章制度所体现出来的文化；四是精神文化层，指的是企业在生产经营过程中，在一定社会文化和意识形态影响下所形成的一种思想精神和文化观念。企业文化的核心内容是企业精神、企业发展过程中的价值观念和经营理念。

二、企业文化构建的原则

企业文化历来是各民族国家在继承传统文化的基础上，在内外文化交流中，在理论与实践的结合中，逐步形成和发展起来的。因此，在企业文化构建中，要坚持"三结合，一适应"的原则。

（一）继承与发展相结合的原则

继承与发展是企业文化构建不可分割，又相互促进的两个方面。对于我国的企业来讲，一是要继承中华民族文化的精华；二是要继承本企业已有的好的传统、作风和文化氛围；同时，在改革开放、社会主义市场体制不断完善发展的今天，又必须解放思想、更新观念，体现时代精神，使企业文化的内容不断丰富、充实和发展。只有这样，企业文化才能适合国情，独具特色，具有强大的生命力。

（二）借鉴与创新相结合的原则

借鉴与创新都是为了发展。不同的国家有不同的企业文化，不同的企业也有不同的企业文化。真正优秀的企业文化并不是非此即彼，而是亦此亦彼，理性原则同人的情感总是紧密结合的。对我们国家来说，人家的长处一定要学，而且要学好；人家的弊端，不能照搬照抄，可作为前车之鉴。学习是为了借鉴，借鉴是为了创新，根本目的是为了发展我们自己。

（三）理论与实践相结合的原则

企业文化作为一种新的管理理论，具有很强的应用性和实践性。正如有的学者所说的，企业文化与其说是一种理论，不如说是一种实践。因此，在企业文化构建过程中，必须坚持理论与实践相结合的原则。一方面，我们要加强理论研究；另一方面，努力构建卓越的企业文化，把理论研究和企业文化构建的实践紧密结合起来。

（四）同步适应原则

企业文化建设要建立在经济与文化相互促进，物质文明和精神文明同步发展的基础上。既要重视物质利益，又要重视精神陶冶；既要谋求企业经济效益，又要重视社会效益。我国的企业文化是社会主义市场经济型文化，它既不同于资本主义的市场经济型文化，也有别于计划经济条件下僵化的产品经济型文化。因此，我们必须遵循与社会主义市场经济相适应的原则，把培养和确立与社会主义市场经济相适应的新的价值观念，新的行为方式，作为当前企业文化建设的一个根本任务。

三、加强企业文化建设的重要性

当今世界，已经有越来越多的企业认识到了企业文化建设的重要性。内蒙古送变电公司在改革发展中，始终把企业文化建设摆在重要位置。尤其是近年来，公司积极适应国际国内市场竞争的变化，以建设具有较强国际竞争力的企业为目标，不断深化对企业文化建设的重要性、紧迫性的认识，着力提升企业文化的重要地位，把企业文化建设作为企业持续发展的精神支柱和动力源泉，作为核心竞争力的重要因素，作为凝聚员工力量、激发员工积极性和创造性、提升企业管理水平的重要途径，从战略发展的高度进行统筹规划。

（一）加强企业文化建设是实现又好又快发展的需要

这些年来，我国的企业文化建设成就斐然，广大企业在培育企业精神、提炼经营理念、推动制度创新、塑造企业形象、提高员工素质等方面取得了丰硕的成果。但仍有的企业对企业文化建设的重要性认识不足，企业文化建设的目标和指导思想还不够明确，片面追求表层与形式，忽视企业精神内涵的提炼和相关制度的完善，企业文化建设与企业发展战略和经营管理存在脱节现象，缺乏常抓不懈的机制。可以说，加强企业文化建设仍是一项长期艰巨的任务。

（二）重新提炼文化理念是适应企业发展战略的要求

文化理念是企业文化的中心要素。随着宏观经济政策的调整、市场需求的不断变化，企业发展目标的调整，企业文化理念也要进行相应的改进。我们在原有企业文化理念的基础上，重新提炼了企业文化理念，将企业宗旨由"奉献光明与力量"改为"追求卓越、兴企报国"；将企业精神由"自强不息、共创辉煌"改为"自强不息、求真务实、勇于创新"；推出公司行为纲领，对工程尽责，对社会负责，对员工关心，对顾客倾心。员工的基本行为规范，倡导主人翁精神；倡导爱岗敬业；倡导志存高远；倡导创新开拓；倡导团结协作；倡导言行规范；倡导积极向上。这些改变使企业文化理念更加贴近企业实际，增强了时代感，内蒙古送变电公司改革以来一些新思想、新经验的积累，经过内蒙古有限责任公司第一届职代会通过，正式发布，现在正在进行企业文化理念的宣传推广工作。

四、企业文化构建的途径

企业文化构建在不同的国家和地区有不同的做法，就总体而言，我国企业文化的构建有以下四条途径。

（一）大力营造企业文化氛围

文化的载体是人，文化是人去创造的，而且总是先由少数优秀分子创造，后在大众中传播。企业文化也是如此。对于企业中的优秀分子，如企业经营者、领导者、党员、劳模等，他们的自觉性、积极性、创造性，往往是自觉养成的。但对于普通职工，却未必如此。这就需要自上而下地灌输宣传，在实践中通过报告会、树立典型等形式宣传企业精神、企业目标，培养职工的凝聚力、向心力、积极性和创造性，营造良好的企业文化氛围，从而建立起有利于企业发展的强有力的企业文化。

（二）建设一支高素质的企业家队伍

各国经济发展的历史证明，企业家群体既是现代企业的生命和灵魂，又是国家经济发展的栋梁，也是企业文化建设的开拓者。企业家不仅创造了经济奇迹，而且创造了各具特色的企业文化。企业家属于现代社会群体中的一个特殊阶层，拥有一套独特的价值观念、思维模式和行为方式。这将直接关系和影响着企业文化的塑造和企业的兴衰。因为企业家的精神和企业家的形象，是企业文化的一面镜子，卓越的企业文化是企业家德才水平、创新精神、事业心和责任感的综合反映；卓越的企业家在企业中既是卓越的管理者，也是员工的思想领袖，他以自己的新思想、新观念、新的价值取向来倡导和培植卓越的企业文化；卓越的企业家以自己高尚的人格力量塑造和培植卓越的企业文化；企业家还以自己的个性化的经营管理风格来发展和完善个性化的企业文化。

（三）建章立制，保证企业文化建设的顺利进行

大凡成功的企业，总有一套完备的、为广大职工所首肯的制度，以使广大职工在无形中和企业联成一个荣辱与共、盛衰同担的共同体。如合理的企业民主管理制度，有利于员工形成较高的民主素质与民主意识；合理的激励机制有利于职工提高士气；合理的奖惩机制，有利于提高职工的道德素质；等等。

（四）通过企业职工的自觉学习、内省来塑造企业文化

这是一种更高层次的途径选择。因为自上而下的灌输宣传是单向的，而制度保证下的文化建设有一定的强制性与约束力，采用这两种途径塑造企业文化，企业职工对文化的接受可以说基本上是被动的。而通过一些富于情感的"软投入"来内化职工，通过企业职工的自觉学习、内省来塑造企业文化的途径，就能变被动为主动。

五、企业文化在现代企业管理中的重要作用

企业文化在现代企业管理中具有非常重要的作用，这一作用主要体现在以下几个方面：

（一）增强企业内部员工的凝聚力，提高企业的适应能力

现代社会日益复杂，企业所面对的外部环境变化快，企业必须有好的适应能力，才能适应不断变化的外部环境。好的企业文化无疑会增强企业员工

对企业的归属感和认同感，增强企业内部员工之间的凝聚力。当企业外部环境发生变化的时候，员工就会将自己的利益与企业的前途联系起来，积极为企业的发展建言献策，从而提高企业的适应能力。此外，优秀的企业文化还可以向全社会宣传企业成功的管理风格、良好的经营状况以及高尚的精神风貌，为企业树立良好的形象，赢得公众的支持和银行等相关部门的支持，提高企业生产能力。

（二）有利于企业实现可持续发展

随着社会的发展，现代的企业文化越来越重视将企业的文化活动与企业的收益及社会影响联系在一起，把向外部展示企业的精神风貌和特色放在越来越突出的地位。现代企业之间的竞争变得越来越激烈，企业所面临的外部环境也发生在复杂的变化，企业文化也不断得以调整、完善和发展。企业必须建立一种优秀的企业文化，才能保持自身的可持续发展，这是因为，企业的可持续发展在精神上主要表现为企业的核心价值观念是否被企业员工所广泛接受，并且深入人心，得到长期坚持。而企业核心价值观念的培养，则主要依托于企业文化建设。

（三）有利于提高企业的人力资源管理

现代社会，随着经济的发展和科技的进步，人才在企业生存发展中的作用越来越突出，成为企业走向壮大的关键因素。企业要想开发其员工的潜能，则必须加强人力资源管理。而人力资源管理与企业文化也有着密切的联系，人力资源管理需要在企业文化中进行，而且人力资源管理也必须服从于企业文化，这样人力资源管理才能更有效率。在企业中，优秀的企业文化可以充分调动员工的工作积极性和工作热情，对员工产生有效的激励作用，从而使企业的人力资源管理变得更加简单且更加有效。企业文化对企业管理所产生的积极作用，将提升企业的生产经营效率，提高员工士气，从而形成良性循环。

（四）能够提高企业的创造力

现代社会越来越重视创新，在企业文化建设中，重视创新观念，将创新精神作为企业的核心精神，并在企业的文化建设中得到贯彻落实，则能够提高全体员工的创新意识，使创新思想深入人心。这样的企业文化就会引导员工不由自主地进行创新，激励员工不断学习，加强自身的科学文化素质，积极进行技术创新、制度创新、思想创新和观念创新等，这样就能够增强企业的整体创新能力，增强企业的创造力。将创新与企业文化建设相结合，以文化创新作为载体来推动制度创新，能够为企业的发展注入强大的推动力。在这一过程中，制度创新又是企业文化创新的重要表现。

（五）能够提高企业的经营管理水平

企业文化同样能够提高企业的经营管理水平。企业能够为社会创造丰富多样的财富，但是这一过程则需要企业家来启动。企业文化对于调动企业员工的主观能动性有着非常积极的作用，其能够积极调动员工的创造性思维，集思广益，进而提高企业的经营管理水平。优秀的企业家一般会主动地去寻求企业经营管理中的规律，并在企业生产经营和管理活动中重视员工的主体作用，重视对企业文化潜能的开掘，重视解放员工的思想，以充分发挥其对生产力的促进作用。这样企业的整体凝聚力和产品的市场竞争力都会得到提高。此外，现实人类正逐步进入知识经济时代，企业智能因素的作用也越来越突出，这些都要求企业加大文化建设力度，提高企业的知识水平和经营管理水平，实现企业价值和社会利益的最大化。

第二节 企业文化导向的核心竞争力理念

当今，文化越来越成为民族凝聚力和创造力的重要源泉、越来越成为综合国力的重要因素。以此为契机，来兴起社会主义文化建设的新高潮，并极大的提升民族文化的创造力和进一步加大国家文化建设的软实力。作为中国特色的社会主义企业，在积极推进企业战略和实现企业文化相和谐、员工发展和企业发展相和谐、企业核心战略和企业文化相和谐的基础上，创建核心竞争力导向的企业文化已经成为企业界迫在眉睫的研究课题。

一、提升企业文化的意义

随着经济全球化的不断发展，企业间的竞争也逐渐的由单一的产品质量和服务方面的竞争，演变为企业管理、技术、资本和人才等领域的综合性竞争。基于此，加强企业的文化建设将对提升企业品牌影响力、加强企业核心竞争力有着极其重要的现实意义。

（一）塑造企业品牌价值

一家知名的企业必将永远自己特有的企业文化，而且企业也积极通过企业文化来向社会展示企业的优秀品牌价值，通过企业文化及企业品牌的影响力为企业创造良好的市场发展空间，进而能够更大范围的吸引优质的合作伙伴，更大范围的销售市场，并创造最佳的经济效益。

（二）积极良好的市场导向作用

世界 500 强的企业，其自身的企业文化所体现出的企业精神和企业的价值观往往使得企业的领导层和员工之间在企业的经营目标和理念上处于高度一致。在这种优秀的企业文化理念指引下，全体员工及管理者对企业目标的一致认同感，将凝聚成一股巨大的向心力，使得所有员工为实现企业最终目标而竭尽所能的为之奋斗。与此同时，优秀的企业文化还对社会发展起到积极的良性的导向作用，通过其先进的管理理念来引领社会风尚，特别是优质企业的那种求实创新、艰苦奋斗的企业精神，将对社会人文价值的构建中起到非常积极的促进作用。

（三）潜在的激励作用

知名企业的企业文化将通过尊重、信任、关心、鼓励等方式来最大限度的调动企业的每一位员工的工作积极性、创造性、主动性和为企业奉献终身的献身精神，让企业的每一位员工都有一种主人翁的责任感，积极地为企业将来的发展建言献策，进而可以形成一种"金石为开"的团队凝聚力，来不断地完善企业的核心竞争力。

（四）促进企业的效益不断增加

知名企业的企业文化的外在表现形式是优质的管理模式，也就所谓的企业制度文化，具体的表现在企业内部时是领导的先进管理理念以及规范的管理制度和员工严谨的执行能力等等。依托这些因素的综合应用来实现企业的高效率运作，极大地降低了企业自身的生产经营成本，进而能够更好地实现经营效益的最大化。

二、企业文化与核心竞争力的基本理念

（一）企业文化

企业文化是一个企业在长期生产经营中倡导、积累，经过筛选提炼而形成的，是以企业共同价值观和企业精神为核心，以企业最高目标、管理哲学、优良作风、行为规范、标识、环境等为主要内容的，能够激发和凝聚企业员工归属感、积极性和创造性的人本管理理论，是企业的灵魂和精神支柱。企业文化是企业无形的资产，是企业发展的力量源泉，它具有导向功能、凝聚功能、激励功能、约束功能、辐射功能，这些共同构成了企业文化的功能体系。

（二）核心竞争力

核心竞争力的创始者普拉哈拉德和哈默尔把核心竞争力定义为："组织中的积累性学识，特别是如何协调不同的生产技能和整合多种技术流的学识"。核心竞争力是一个企业最基本的、能使整个企业保持长期稳定的竞争优势并获得稳定超额利润的竞争力，是企业获得长期竞争优势的基础。判断核心竞

争力的三个标准：1.应当是难以替代的。关于核心竞争力的这个特点，北大的张维迎教授做出了精辟的论述"偷不去，买不来，拆不开，带不走，溜不掉"；2.应当是异质的；3.必须是竞争对手难以模仿的。只有竞争对手难以模仿，才能使企业占有永远的有利地位，后来的研究者在此基础之上添加了一些判断标准；4.必须给客户带来特别利益，它可以帮助企业通过降低成本或创造价值来扩大客户利益，给企业带来最高的效率；5.必须为市场认可，既能够提供进入相关市场的机会。

三、提升企业的核心竞争力

（一）企业核心竞争力

核心竞争力（Core competence），又称为核心能力，最早是由美国管理学家、密歇根大学教授普拉哈拉德和哈默在《企业的核心竞争力》一文中提出的。根据他们的界定，核心竞争力是指组织中的积累性学识，特别是如何协调不同的生产技能和有机结合多种技术流派的学识，并据此获得超越其竞争对手的独特的能力。而哈佛商学院的迈克尔·波特（Michaer·Porter）教授认为：企业核心竞争力是指企业独具的、支撑企业可持续性竞争优势的核心能力。企业核心竞争力是企业长期形成的，蕴涵于企业内质中的，支撑企业过去、现在和未来的竞争优势，并使企业长时间内在竞争环境中能取得主动的核心能力。对企业核心竞争力，国内外学者有各种不同的表述，但多数学者认为，所谓核心竞争力，是指能为企业进入市场带来潜在机会，能借助最终产品为所认定的顾客利益做出重大贡献，而且不易被竞争者模仿的能力。

（二）企业核心竞争力的构成

企业核心竞争力由许多企业能力构成，而且呈现出不同的能力层次和维度。主要包括技术、管理、文化三方面内容，三者之间相互作用、相互协同，逐步形成了企业核心竞争力（CC），并在自催化循环和交叉循环的作用下，推动了企业核心竞争力不断向更高层次的循环发展，不断使核心竞争力得到提升。技术是企业产生和发展最关键的要素，一般来讲，一个企业至少有一个或若干个关键技能和技术，这是整个核心竞争力系统中的主导和中枢，是企业独具的超越竞争对手的绝对优势，也决定了核心竞争力的独特性。同时，技术的运用和创新需要管理来支持，或称管理支撑技术进步。当技术和管理发展到一定时期，一般会出现创新力量不足，那么这时就需要企业文化来支持，从而引发和支撑技术和管理创新，带动企业的继续成长。而企业文化又是在技术、管理的长期运行过程中逐步形成和加强的。

（三）实施企业核心竞争力的意义

核心竞争力是企业特色的体现和持续发展的源泉，核心竞争力是企业占领市场的基础和成败的关键，核心竞争力是企业长期竞争优势的源泉。核心竞争力在企业成长过程中的主要作用表现在：从企业战略角度看，核心竞争力是战略形成中层次最高、最持久的，从而是企业战略的中心主题，它决定了有效的战略活动领域；从企业未来成长角度看，核心竞争力具有打开多种潜在市场、拓展新的行业领域的能力；从企业竞争角度看，核心竞争力是企业持久竞争优势的来源和基础，是企业独树一帜的能力；从企业用户角度看，核心竞争力有助于实现用户最为看重的核心的、基本的和根本的利益，而不是那些一般性的、短期限的好处。企业若想保持核心竞争力的领先优势和持久性，就必须以动态的观点看待核心竞争力，随时对自身的能力与竞争对手进行评价和比较，要持续不断地进行创新、发展和培育，以维护或扩大核心竞争力与竞争对手之间的领先距离，以保持持久的核心竞争力。

四、构建优秀企业文化与提升企业核心竞争力的关系

（一）企业文化是核心竞争力形成的源泉

企业文化是孕育企业核心竞争力的土壤。当企业拥有了独特的企业文化以后，强大的文化力可以不断吸引和留住优秀的人才，支撑管理和技术的创新，使产品不断推陈出新，市场份额不断扩大，竞争力不断增强，竞争优势日趋明显。可以说，当企业拥有了自己独特的企业文化后，企业的核心竞争力才真正地形成。如海尔文化促进了海尔在技术上、管理上都在不断创新，而且创新速度非常快，许多企业望尘莫及。优秀的企业文化不断为企业吸引大批的优秀人才，使企业的技术水平和创新速度不断提高。管理学家德鲁克说："在管理中越是能够利用一个社会的文化传统，这种管理的成效也就越大。"当前"企业核心竞争力"的竞争，归根到底是企业文化的竞争，企业能否培育自己的文化并发挥作用，将决定企业的生存空间。企业文化是培育企业核心竞争力的源泉。

（二）企业文化是企业核心竞争力形成的保障

企业文化是企业提升核心竞争力之根本，唯有文化型竞争优势才能真正上升到核心竞争力的层面，而唯有建设全员认同的文化，才能从根本上形成和提升企业的核心竞争力。企业文化决定着企业的整合能力，为核心竞争力的形成提供粘合剂。一个拥有核心竞争力的企业也肯定是拥有优秀企业文化的企业。美国管理学家彼得斯指出，大多成功的企业，源于员工

能够了解、接受和执行组织的价值观，认为企业的成败取决于价值观的正确性及其清晰度。由此表明，企业核心竞争力离不开企业文化的滋补，也离不开企业价值观念的引导。从这个意义上说，企业的核心竞争力是依靠文化力支撑起来的。

（三）企业文化是核心竞争力的基本要素

知名企业的企业文化是在企业长期发展过程中逐渐形成自身特有的价值观，体现在企业核心竞争力基础层要素的核心部分，是企业所独有。相比较而言，制度可以制定，技术可以学习，但整个企业所有员工所追求的价值观是难以借鉴的。因此，企业必须以自身已有行为方式来运作，依靠某种价值观的指导来实现"协调不同的生产技能和有机结合多种技术"的组织运行。行为方式的不同，使得各个企业所积累的企业文化不同，也就使得企业所具有的核心竞争力不同。而知名企业良好的企业文化将对企业的经营理念起到强大的导向和推动力，进而提升整个企业的核心竞争力。

（四）企业文化强化核心竞争力的独特性

知名企业的企业文化都是经过在长期生产经营活动中沉淀下来的，充分体现了企业个性，不同的企业文化体现的是各个公司不同的社会文化背景和企业自身历史的价值观念、管理风格以及与之相密切的组织结构，这也就造就了企业文化的独特性。而且这种具有文化特色的独特性一旦转变为企业产品的竞争力，自然也就形成了企业自身特有的核心竞争力。在这种特有的企业文化支撑下，也就使得企业间表现出差异化优势，进而强化了企业核心竞争力的独特性。

（五）企业文化完善核心竞争力的管理

企业核心竞争力管理实质上是以人力资源为载体对人的管理，而企业文化恰好也是一种对人的柔性管理，这也就使得企业文化始终贯穿在核心竞争力的管理过程中。只有依靠企业文化来不断地完善和更新企业的核心竞争力，而这种更新是保持企业生命力的基本要求，这种更新并不是轻而易举的，其原因在于竞争力来源于特殊的思维模式，同时又加强着这种思维模式。这种思维模式就是在企业行为和经验策略的反复应用中形成起来的企业文化。因此，企业文化决定和完善着核心竞争力的管理。

（六）提高企业核心竞争力是企业文化创新的目标

企业文化建设是一个动态的开放的系统，在适应外部市场变化过程中，企业文化通过实践不断发展和完善，并有所突破和创新。谁拥有文化优势，谁就拥有竞争优势、效益优势和发展优势。有文化的企业未必都能成功，但是没有文化的企业注定不会成功。特别是在知识经济的今天，培养优秀而独特的企业文化，并不断创新，对于企业持续、稳定发展，提升核心竞争力具有决定性的意义。有一著名的企业家说过这样的一句话："文化无处不在，你的一切，竞争对手明天就可以模仿，但他们不能模仿我们的企业文化"。可见，企业文化是形成企业核心竞争力的深层次因素。

（七）提高企业核心竞争力是企业文化建设的归宿

企业文化建设的结晶最终要体现在企业核心竞争力的提高上，要体现在企业的又好又快发展上。企业适应市场竞争，实现良性发展，需要有好的公司治理结构、核心技术和产品市场，同时也需要有优秀的企业文化。许多企业成功的一个重要原因，就在于这个企业建立并不断健全了紧扣增强企业核心竞争力、促进企业发展这个主题的企业文化，保证了企业的决策行为、经营管理行为和员工行为与企业发展相适应，塑造了企业的良好形象，提高了企业的知名度和美誉度。实践证明：建设企业文化，一定要把增强企业核心竞争力、促进企业发展作为重要的出发点和落脚点，通过企业文化，形成凝聚企业员工、打造坚强团队的思想基础，促进企业技术创新、体制创新和管理创新，为企业参与市场竞争、做大做强提供强有力的支撑。

五、以企业文化建设提升企业核心竞争力的策略

企业文化之于企业核心竞争力起着重要的作用，从企业文化与核心竞争力的关系可以得知，提升企业的核心竞争力，培养企业的竞争优势，从文化入手，不失为明智之举。

（一）提炼优秀的核心价值观

核心价值观是被全体员工所共同认同的基本价值判断，它影响着员工对知识的获取，直接决定着员工的行为方式，提升企业文化，必须以企业核心价值观的提升为本。提炼企业的核心价值观需要做到以下几点：首先，企业价值观，不能用生硬的概念和术语来表达，应该能够为所有员工认识并具有想象的空间，由领导表达为一幅生动具体的蓝图，将员工团结在为企业愿景奋斗的历程中；其次，价值观要正确反映企业长远目标；再次，为了使建立的共享价值观，被员工接受和认同就会变得容易而顺畅，企业领导者应当发动和鼓励管理层和所有员工共同参与讨论并提炼企业价值观，只有这样做，员工才能够深刻体会、认同并内化企业价值观。

（二）要注重人才的培养和积累

企业文化是"以人为本"的文化，企业文化着力于以文化因素去挖掘企业的潜力，尊重和重视人的因素在企业发展中的作用。因此在企业文化建设

中应强化"以人为本"的意识，使企业成为全体员工都具有使命感和责任感的共同体。一是要形成"以人为本"的氛围。充分释放员工对事业追求和个人价值实现的能量，增强企业对人才的吸引力，增强人才对企业的归属感；二是强化惟才是举的导向。用好一个人才等于树立一面旗帜，在人才的选拔和使用上，应当做到知人善任，不拘一格，惟才是举；三是构建人才成长的平台。企业应当形成一个使"想干事的人有机会、能干事的人有舞台、干成事的人有地位"的氛围，切实解放思想，拓宽思路，创造条件，为人才成长构建发展的平台。

（三）建设学习型的团队

建设学习型的团队，是转变经济发展方式的必然要求，也是提升企业管理水平、建立现代企业制度、提高企业综合竞争力的必然选择。一是在学习理念上要高度重视，只有通过不断学习，才可能在经营上、精神上、形象上有新的表现、新的进步；二是在学习机制上要提供保障；三是在学习氛围上要着力营造，才能真正地爱惜人才、保护人才、为人才充分发挥才能创造好的条件；四是在学习型企业的建设途径上要积极探索，不断创新形式载体，开展创建活动，使学习型企业建设体现时代特点、贴近企业实际、富有成效。

（四）不断创新，与时俱进

要想持续不断地发展企业的核心竞争力必须创新，核心竞争力是一个动态的演变与发展的过程，创新已经成为提升核心竞争力的关键所在，在企业创新中，企业文化主要发挥着以下两个方面的作用：首先是防止伴随企业的成长而形成的企业文化上的惰性，这种文化惰性使企业不能适应急剧变化的环境，创新动力不足；其次是积极塑造企业文化，引发创新潮流，推进持续的创新过程。

总之，优秀的企业文化可以赋予企业以生命与活力，为企业提供不竭精神源泉和价值动力，引导企业的发展方向，并为企业的发展和创新提供有力的保障。加强企业文化建设，是提升企业的核心竞争力的有效途径。企业文化对核心竞争力的积极作用，企业要想获得核心竞争力，只有加强企业文化建设才是最有效的途径。在明确企业文化与核心竞争力关系的基础上，以培育和发展核心竞争力为导向的企业文化理念。

第三节 跨文化视域下的企业文化创新

企业文化概念来源于西方。现在，有些企业在企业文化建设上有一定成效，海尔、同仁堂、宝钢、娃哈哈、五粮液等企业，都建立了独具特色的企业文化，在国内外产生了一定的影响。经济全球化的今天，要使中国经济持续发展，并不断增强中国的国际竞争力，必须有一批具有国际竞争力的大型企业。决定企业国际竞争力的因素有多项，而企业文化是其中最为重要的因素之一。

一、企业文化创新的跨文化因素

（一）经济全球化需要中国企业文化创新

美国管理学者约翰·B·库伦指出："全球化是商务超出本国范围的世界性趋势。全球化意味着，整个世界经济趋向为一体，企业可以在任何地区开展经营，与任何对手竞争，而不考虑国家界限。"经济全球化导致竞争的内涵发生了变化，竞争中的合作使企业必须不断融合多元文化。企业文化对于企业的经营业绩、企业兴衰的作用，常常表现在对内、对外经济合作的文化差异上。有关研究表明，大约30%的合作是由于技术、财务或者战略方面的因素导致搁浅，大约70%的失败是由于文化沟通方面出现了问题。在这些合作失败的企业中，处于不同文化背景的各方经理人员，由于不同的价值观念、思维方式、习惯作风等因素，对企业经营的一些基本问题往往会产生不同的态度。如对经营目标、市场选择、原材料的选用、管理方式、作业安排等方面认识上的差异，从而给企业的经营埋下了隐患。中国企业到海外从事跨国经营已经有几十年的历史，部分企业在海外经营中也确立了自己的企业文化。但是，我们却很少看到，这些企业在海外经营中文化创新的经验，虽然有的企业提出了当地化战略，但与当地文化进行融合，进而实现企业文化创新的案例，却同样鲜见报端。

（二）国际名牌战略需要中国企业文化创新

企业文化是企业创造优质名牌必不可少的条件。企业文化决定企业品牌，只有不断实现企业文化创新，不断提高企业的整体形象，进而形成具有竞争力的品牌，才能立足于市场，扩大市场的占有率。随着企业竞争的加剧，企业形象在市场中的作用将越来越突出。名牌不仅对国内消费者有号召力，对国外消费者也有号召力。一个好的品牌不仅代表一个企业的形象，甚至代表一个民族、一个国家的形象，如美国的微软、日本的彩电、瑞士的钟表、西德的奔驰车。

（三）跨文化差异需要中国企业文化创新

文化影响市场选择。对一个国家文化的理解，将影响跨国经营战略中对市场的选择。国际上一些著名市场营销专家认为，国与国之间的创新倾向，主要取决于国与国之间的文化传统和新产品进入市场的时间。创新波及理论认为，新思想的传播或交流，在文化背景相同的群体内部较容易，否则很困难。文化差异的根源是文化边际域产生的文化冲突。到不同的文化地域进行跨国经营所形成的国际企业，作为"一种多文化的机构"，必然面临来自不同的文化体系的摩擦与碰撞。文化差异的客观存在，势必会在企业中造成文化之间的冲突，它是企业中文化差异与文化距离的产物，是国际企业跨文化冲突与困惑的真正发端，从而成为企业跨国经营的重大挑战。跨文化管理就是在跨国经营中，对不同种族、不同文化类型、不同文化发展阶段的子公司所在国的文化采取包容的管理方法，并据此创造出公司独特文化的管理过程。跨文化管理的中心任务是解决文化冲突，在管理过程中寻找超越文化冲突的公司目标，以维系不同文化背景的员工共同的行为准则。这就需要企业文化的创新，对于刚刚起步进行跨国经营的中国企业来说尤为重要。

二、跨文化管理的创新策略

创新经济学家把创新分为重大创新和改良性创新。改良性创新的创新程度较低，是渐进创新，不会引起市场或产业的急剧变动，不断积累，由量变引起质变，产生巨大的变革。这是由于对不同文化的理解必须采取文化相对企业文化主义的温和态度，约翰·B·库伦指出："只有一个人采纳文化相对主义的观点时才能理解另一种文化。这是一种哲学性的观点，即不论存在多大的差别，所有文化对于具有那些文化的人们来说都是正确的。"渐进创新虽然在某个时点的创新成果并不明显，但它有巨大的累积性效果。从成果看，它不仅强化企业的生产和技术能力，同时能强化企业、顾客和市场的联结，效果延续性强。即使是发达国家的企业，其创新能力的提高也是渐进的，大量的创新也是改良型的。因此，中国企业的企业文化也应提倡渐进创新。经济全球化为企业文化的创新提供了机遇。通过全球化把各种文化要素集中起来，实现互补与融合。中国企业文化的建立，必须通过反映民族文化精华的独特设计和定位塑造自身形象。同时，它又必须赋予传统文化精华以新的时代内涵，以保证企业的观念顺应经济全球化的趋势，并为企业的发展服务。

（一）识别文化差异，发展文化认同

按美国人类学家爱德华·郝尔的观点，文化可以分为三个范畴：正式规范、非正式规范和技术规范。正式规范是人的基本价值观，判断是非的标准，它能抵抗来自外部企图改变它的强制力量。因此正式规范引起的摩擦往往不易改变。非正式规范是人们的生活习惯和风俗等，因此引起的文化摩擦可以通过较长时间的文化交流克服。只有首先识别文化差异，才能采取针对性的措施。发展文化认同需要发展跨文化沟通与跨文化理解的技能与技巧，体现在：首先是跨文化沟通。国际企业经营的经验表明，一个跨国企业的成功取决于该企业的"集体技能"，不同文化背景的人彼此相处，必须建立跨文化沟通的机制。企业领导集体需要有意识地建立各种正式的和非正式的、有形的和无形的跨文化沟通组织与渠道。其次是跨文化理解。它包含两个方面的意义：一是要理解他文化首先必须理解自己的文化，包括其优缺点的演变；二是善于文化移情，理解他文化。要求人们必须在某种程度上摆脱自身的本土文化，摆脱原来自身的文化约束，从另一个不同的参照系（他文化）反观原来的文化，同时又能够对他文化采取一种超然立场，而不是盲目地落到另一种文化俗套之中。

（二）进行跨文化培训，造就一批高质量跨文化管理人员

企业跨国经营时，在东道国的文化环境中，与当地文化融合最重要的手段是学习，即对东道国文化的学习。跨文化培训的主要内容，有对文化的敏感性训练、语言学习、跨文化沟通及冲突处理、地区环境模拟等。这样可减少驻外经理人员可能遇到的文化冲突，使之迅速适应当地环境并发挥有效作用；维持企业内良好的人际关系，保障有效沟通；实现当地员工对企业经营理念的理解与认同。

（三）招揽跨文化管理人才，实现跨文化管理

多数跨国公司，尤其是美国公司在中国的投资经验告诉我们，利用跨文化人才管理海外企业，是最有效的跨文化管理措施。这些公司利用在东道国学习过的有中国文化背景的人员承担经理职务，或更高级的职务，实现了跨文化管理，获得经营的成功。中国的海外企业也应借鉴这一经验，招揽那些在中国受过教育的具有跨文化背景的当地人员管理海外企业。

（四）通过文化融合，实现企业文化创新

通过文化差异的识别和敏感性训练等，使公司员工提高对文化的鉴别和适应能力。在文化共性认识的基础上，根据环境的要求和公司战略的需求，建立起公司的共同经营观和强有力的企业文化。一个把全球战略作为公司发

展战略的企业，必然要遇到各种不同的文化环境。在这样的环境中，以自己坚实的文化为基础，与当地文化沟通与融合，实现企业文化创新。在创新过程中可以借鉴日美企业文化创新经验，任何文化前景和历史条件下形成的企业文化和管理模式都有其历史必然性，日美企业文化都在本国企业发展的历史上起过重要的作用，也在广泛的区域内产生过重要影响，在社会演进过程中，日美又都不断吸收对方文化优势，滋润着本国管理的发展，丰富本国文化内涵。美国正是在 20 世纪 80 年代初深刻反省自己企业管理中过分理性主义的弊端，吸收日本和德国等团队文化、和谐合作文化、情感文化，与本国文化鼓励创新、崇尚个人能力相结合，才摆脱了 20 世纪 80 年代初的低谷阶段，有了 90 年代经济持续增长局面。没有相互借鉴和吸收，只靠各自单质的文化，是不可能创造经济奇迹的。

第四节 现代企业管理与传统文化的融合创新

改革开放之初，中国企业更多的是引进西方发达国家企业先进的管理理论、方法和经验，中国经济也得以腾飞。然而，沿续到 21 世纪的今天，中国企业在管理上已逐渐呈现出诸多问题，其管理方式越来越不能适应经济全球化的发展趋势。企业的未来，中国经济的前景正面临着前所未有的困境和挑战。人们开始反思这种简单的照搬照抄的模式，探讨如何突破瓶颈。

美国著名管理学大师德鲁克曾经这样评论："管理是一种社会职能，隐藏在价值、习俗、信念的传统里，以及政府的政治制度中，管理是……而且应该是……受文化制约……管理也是"文化"，它不是无价值观的科学。"也就是说，管理作为一种社会实践活动，是植根于一定文化的沃土之中；管理要真正发挥作用，就必须要与其所处的文化环境相适应。因此，要探索中国现代化企业管理，就应当从中国的国情出发，以中国传统文化为基础，着手于企业经营，深入研究、挖掘传统文化的精髓与奥妙。

中国传统文化是中华民族五千年的精神积淀，源远流长、博大精深；在悠久的历史长河中，形成了以儒家思想为主体，儒、道、佛、法、兵、墨等诸子百家交相辉映、极具丰富内涵的文化体系。其深厚的底蕴影响着一代又一代的华夏儿女。要开创中国现代化管理的美好未来，就必须把管理与中国实际相联系、与中国传统文化相结合。

从企业管理的角度思考，传统文化的思想与现代企业成功的管理理念与方法有着异曲同工之妙。如儒家的"天人合一"、"修己安人，以人为本"、"正己正人，成己成物"、"中庸之道，以和为贵"，道家的"道法自然，无为而治"、"人法地，地法天，天法道，道法自然"，法家的"崇法尚术，唯法为治"……都是我们深入总结、汲取和进行现代化的创造性升华的基础。

一、古代"民本"思想对现代企业管理的创新启示

不管是古代还是现代，也不管是管理朝代还是管理企业，管理对象中最能动、最活跃、最根本的因素是人，管理的核心在于人力资源管理，本质是"治人"即对人的管理。从管理的意义看："治人"通过专注于人的积极修为、管理实现对事对物的管理，这种管理思想和方式与现代的"人本管理，以人为本"的人性化管理理念相一致，只有管好人才能管好物、管好事。就现代企业管理而言，这一理念也是广受推崇的，跟"以人为本"的国策相符，我们在平时的企业管理中应当继承这种"民本"思想，不管这是古代的"哲理"还是现代的"国策"。

众所周知，儒家文化是一种以人为本的伦理文化，认为在一切事物中人居于最重要的位置，甚至认为人与自然之间关系都是并列的。从管理学的角度考查，中国传统文化高度重视人的因素表现在两个方面：首先对管理主体的重视，特别强调管理者要"修己、正身"，要遵循"为君之道""为将之道""爱民之道"，提出了仁、勇、信等各种德才标准；其次是对管理客体的重视，处理管理主体和管理客体的相对关系上，中国传统文化特别强调"民本""民心""民意"，把"民本""民心""民意"看作管理行为成败得失的根本，例如古代君主的"奉天承命"就是要尊重民意。当然，或许有人说这是迷信，应用于现代企业的管理中肯定会出乱子，这点笔者不否认，但是要强调的是对于古代的丰富遗产，我们应该抱着"取其精华去其糟粕"的态度来面对，笔者相信作为企业的管理者，大家都应该有一个理智的判断，关于这点这里就不再赘述了。

同样，我们可以看出，中国传统文化中的"民本"思想理念与现代"以人为本"的管理理念有异曲同工之处，一方面把人即人力资源视为企业一切资源中最重要和最有潜力的战略资源，着力提高人的素质；另一方面强调对人的管理的首要任务是价值观培育，努力做到增强员工的责任感和使命感，从而挖掘企业员工的潜力，这样才能进一步推动企业不断发展。因此现代企业要吸收中国传统文化中的"得人心者得天下，失人心者失天下"的民本观念，以企业的人力资源为中心，把面向企业员工、尊重企业员工、关心企业员工放在首位，充分调动企业中所有人的工作热情和智慧，企业才能得到进一步的发展。

因此，现代企业应高度重视人力资源在企业运营中的重要作用，把尊重

员工、关心员工放在首位，通过建立以人为本的人力资源管理机制，规划企业员工的有效配置，不断为企业员工提供学习、培训和进修的机会，提高企业员工自身能力素质，增强企业员工责任感、使命感；深入挖掘企业员工潜力，增强企业员工对企业的向心力和凝聚力，使企业员工更广泛、更积极地投入到生产经营活动当中，最终实现企业员工的个人价值和企业发展繁荣的双赢目标。

此外，在企业管理中重视员工的自身发展，也是符合传统文化的义利观的。作为儒家五常之一的"义"一般是指判断是非善恶的标准和人们行为的价值标准，"利"是指社会生活中人们的物质利益和功利。"见利思义"和"以义制利"的儒家价值观体现了中国的民主精神，引导和塑造了人们的价值观念和行为，激励和推动了中华民族和整个国家的凝聚力。在企业管理中，如果做到"见利思义"、"以义制利"，把面向企业员工、尊重企业员工、关心企业员工放在第一位，而不是完全以企业利润为出发点，可以增强企业员工对企业的向心力和凝聚力，使企业员工更广泛、更积极地投入到生产经营活动当中。

总之，不管是古代儒家思想，还是现代国家政策，我们都应该在现代企业的经营管理中灵活运用人本思想，让企业的管理者和员工感受到企业的温馨和对自身的关怀，只有这样才能够提高员工工作积极性，才能够让员工有归属感，也只有这样才能保证企业的正常运营。

二、古代和谐思想对现代企业管理的创新启示

中国传统文化一直提倡"以柔克刚""刚柔并济"，强调为人处世要随和谦让，这其实是一种心胸豁达的思想境界。对于企业管理而言，个人与个人之间如此，团队与团队之间也应该如此。儒家认为，柔是自然之道、养身之道和治世之道，天地万物均按照一定的规则运行，因此人必须关注自己并注重自身的修为，使人道合乎天道，顺应天道。用现代语言来说，就是说人与自然要协调统一，主体与客体之间要相融相通，这就是所谓的"天行健，君子当自强不息"的道理。孔子认为"中也者，天下之大也：和也者，天下之达道也。致中和，天地位焉，万物育焉"，因此在企业管理中，管理者要从天开始，过渡到人，即管理者要以企业文化来熏陶员工，用文化的潜移默化功能促使员工的目标、行为与企业的发展方向保持和谐，培育员工和企业共同的价值观，实现个人与企业协调发展。从管理的角度出发，古代和谐思想可以帮助实现人与人、人与自然、人与社会的和谐相处，因此企业管理者的实践活动应建立在企业的可持续能力和企业员工积极参与自身发展决策的基础

上，保障企业生存和发展的同时，促使员工的个人得到充分发展。

作为中国通讯的巨头——中兴的"森林原理"和"低成本尝试"管理方式体现企业中和谐思想的活用，这种东方的价值观向中兴企业的组织结构、研发领域、市场末端、文化氛围等各个方面进行了渗透，并发挥了积极作用。日本企业之首——松下也非常推崇中国的和谐思想，认为提倡和谐就是提倡以诚、以宽、以礼待人，不偏听偏信但又不搞折中和放弃原则，强调高瞻远瞩、全面地观察和处理问题。

所以说，古代的和谐思想运用于现代的企业管理中可以有效推动企业的发展，甚至为企业的进一步扩大起到了很大的促进作用，这点相信很多企业管理者在实践之后将深有感触。

三、中国传统文化的其他方面对现代企业管理的创新启示

"修己安人"是以人为本古代先哲思想的逻辑演绎，体现了个人与组织的辩证关系。对现代企业而言，即以自我管理为起点，以社会管理为过程，在企业内部形成个人、群体的目标链条。个人管理在管理过程中逐步实现从自律到自觉的飞跃，通过推己及人实现组织管理的目标。个人管理目标作为组织管理目标的基础。前一目标的完成是后一目标实现的前提，后者的达成又是前者的印证和升华。同时，组织管理目标的达成又为个人管理目标的完成创造良好的条件和环境。两者相互作用，最终实现企业最高战略。

先秦儒学作为"伦理—政治型"的观念形态，"内圣外王"既是其最高的理想人格、价值观念，也是其最高的政治目标和现实关怀。所谓"内圣"者，"内在于个人自己，则自觉地做圣贤功夫（作道德实践）以发展完成其德性人格之谓也"；所谓"外王"者，"外而达于天下，则行王者之道也"，应用于现代的企业管理中，则是指领导者应当极力增强自身的品质修养，且注重对企业成员的素质提升和人文关怀，通过组织内在的品性修炼来培育整个企业先进优良且契合市场变迁的经营哲学，从而依托内在的自我成长和品质塑造来实现社会的物质丰盈和精神富足，使企业得以在更大程度上提高自身的品牌优势，在激烈的市场竞争中树立起光辉的形象。

道家"无为而治，道法自然"的思维方式是建立在弹性柔化管理方式的理念基础之上，体现出一种自然主义的管理模式，对于现代企业管理有着重要的启示意义，即管理工作应从实际出发，尊重客观态势，按照客观规律办事，实事求是制定管理方法和策略，同时管理者要以冷静、持重的态度做事，顺应自然之"道"，适时采取行动且坚定不移地实施。

任何管理模式都离不开特定的社会历史条件和文化背景，文化对于形成

管理理论和管理模式起着根基性的作用。实践证明,中国传统文化与中国现代企业管理理论和实践有着诸多契合之处。作为企业管理者,要以科学的态度对待中国传统文化,继承与发扬,在实际工作中提炼、总结中国传统文化的精要,深入发掘其中蕴含的丰富的管理思想;把优秀的传统文化与现代化企业管理结合起来,构建具有中国特色的企业管理模式,促进我国现代企业管理的发展。

参考文献

[1] 张文健，孙绍荣. 基于行为控制的制度设计研究 [J]. 科学学研究，2005（01）：99-102.

[2] 孙绍荣，齐丽萍. 行为控制机制与行为管理制度的数学模型新进展 [J]. 上海理工大学学报，2004（01）：47-52.

[3] 姚凌云. 基于 COSO 内部控制要素嵌入的企业组织控制模型研究 [J]. 财会通讯，2011（18）：121-124.

[4] 王伟. 从现代到后现代——一脉相承的人本管理思想 [J]. 科技信息，2009（16）：526-527.

[5] 朱志康，晏改会，蒋志刚. 以人为本理念在检察管理中的应用研究 [J]. 洛阳师范学院学报，2012（03）：61-65.

[6] 宗利永，孙绍荣，李绍英. 多主体建模下主体行为与制度环境的交互分析 [J]. 商业研究，2011（4）：64-68.

[7] 朱雯婕. 行为科学理论在责任会计制度中的应用 [J]. 商场现代化，2010（18）：127.

[8] 郭岚，彭礼坤. 经营者代理行为控制模型及控制制度优化设计 [J]. 财会月刊，2009（18）：5-7.

[9] 沈红波，张利. 人本理念的贯彻与检察官管理激励机制的完善——以马斯洛需求层次理论为研究视角 [J]. 湖北警官学院学报，2013（01）：155-159.

[10] 池海文. 行为科学在责任会计中的应用 [J]. 广东财经职业学院学报，2007（01）：7-10.

[11] 程楠. 基于信息的行为控制的分析与研究 [D]. 东北电力大学，2010.

[12] 龚展，乌画. 基于社会控制视角的当代礼仪建设研究 [J]. 求索，2013（03）：263-265.

[13] 刘海建. 透视当代中国管理学研究方法论的前沿——2005 IACMR 中国管理学研究方法论研讨会综述 [J]. 科技进步与对策，2006（01）：179-182.

[14] 高文武. 简论西方管理学理论的发展趋势 [J]. 理论月刊，2002（08）：41-

43.

[15] 陈黎琴 . 现代管理学理论发展及其研究方法综述 [J]. 商场现代化，2007
（09）：398-399.

[16] 姜利军 . 管理学发展趋势研究 [J]. 经济管理，2001（06）：21-26.

[17] 彭新武 . 当代管理学研究的范式转换——走出"管理学丛林"的尝试 [J].
中国人民大学学报，2007（05）：83-90.

[18] 李光 .21 世纪企业管理思想的发展趋势 [J]. 技术经济与管理研究，2001
（03）：83-85.

[19] 陈晓红，李涓 . 现代管理的发展趋势 [J]. 中南工业大学学报（社会科学
版），2000（02）：2-7.

[20] 陈勇东 . 现代企业管理战略管理的创新方法研究 [J]. 价值工程，2011
（05）：17-18.

[21] 许大卫，袁翔 . 运用信息化手段助推企业标准化管理 [J]. 山东电力技术，
2011（02）：82-84.

[22] 王林沪，金玲 . 企业管理标准化分析 [J]. 水利技术监督，2010（06）：22-
24.

[23] 孙思模，王蔓 . 中小企业管理标准化研究 [J]. 消费导刊，2009（09）：110.

[24] 王志伟 . 全面推进管理标准化，实现企业精益化管理 [J]. 供电企业管理，
2009（6）：10-11.

[25] 张晋秋 . 注重企业管理标准化建设 [J]. 中国电力企业管理，2007（11）：
63-64.

[26] 林璐 . 对东亚经济发展特点的几点思考 [J]. 改革与开放，2010（08）：78.

[27] 周杰 .C 银行扬州分行信息技术项目实施项目经理制研究 [D]. 南京理工大
学，2011.

[28] 江春玲 . 国有工业企业利润增长影响因素分析 [D]. 苏州大学，2012.

[29] 蒋文杨，刘冬霞 . 国有企业行业内扩张的外部性研究 [J]. 现代商业，2010
（24）：130-131.

[30] 李辉 . 国有企业经营者薪酬控制机制研究 [D]. 山东财经大学，2012.

[31] 李本文 .PXDB 企业高管人员激励体系的研究 [D]. 电子科技大学，2012.

[32] 赵秀丽 . 国家创新体系视角下的国有企业自主创新研究 [D]. 山东大学，
2013.

[33] 朱海萍 . 市场经济条件下国有企业高管薪酬制度研究 [D]. 江西师范大学，
2010.